사회복지현장실습 세미나

Social Welfare Practicum Seminar

강정희 · 문헌주 · 이태인 공저

학지사

머리말

학교에서 사회복지현장실습을 다년간 지도해 오면서 학생과 교수자 모두가 유용하게 활용할 수 있는 적합한 실습교재에 대한 목마름이 있었다. 이 책의 집필진 모두가 사회복지학 전공 교수로서 실습지도를 해 오면서 이러한 필요성을 함께 절감하였고, 이 책은 이러한 공감에 대한 결과물이다.

이 책의 집필을 계획하면서 집필진이 모두 동의한 사항은 실습세미나 교재를 워크북 형태로 제작하는 것이었다. 집필진은 사회복지현장 실습세미나가 학생의 개별 활동, 학생들 간의 팀활동, 학생과 교수와의 상호작용 등 다차원적으로 활발하게 진행될 수 있기를 기대했고, 이러한 목적을 이루는 데는 워크북 형태의 실습교재가 적합할 것으로 생각을 모았다. 따라서 교재의 내용은 대체로 실제 강의시간을 연상하면서 강의식 문체로 이루어졌고, 강의시간에 학생들이 활용할 수 있는 다양한 사례와 활동작업, 이를 훈련할 수 있는 작업지(worksheet)를 각 장마다 포함시켰다. 우리는 이 책이 학생들이 실습을 준비하는 단계부터 활용하고, 기관실습에 참여하면서 참고할 수 있고, 기관실습을 마친 후 전체 실습을 평가하고 자신을 성찰하는 마무리 작업에 함께 동반할 수 있는 유용한 실습참고서로 기능할 수 있기를 기대한다.

이 책은 총 12개 장으로 구성되었다. 제1장부터 제3장까지는 사회복지현장실습에 대한 목적과 목표 및 실습기관과 실습과정 등 사회복지현장실습 전반에 대한 이해가 가능할 수 있는 내용을 담았다. 제4장은 안전하고 내실 있는 실습을 위해 실습생에게 필요한 자기돌봄과 스트레스 관리에 대한 내용을 설명하고 있다. 제5장부터 제10장까지는 사회복지현장실습 과정에서 배우게 되는 지식과 기술, 가치에 대한 내용으로 사회복지실천 가치와 윤리, 사회복지 프로그램, 지역사회조사, 사회복지실천기술, 사회복지실천기록, 문서작성에 대해 설명하고 있다. 마지막 제11장과 제12장은 종결평가 및 실습 후 자기성찰에 대한 내용을 다루고 있다. 이 책의 제1, 5, 8, 9장은 강정희 교수가, 제2, 3, 4, 12장은 이태인 교수가, 제6, 7, 10, 11장은 문현주 교수가 집필하였다.

실제 책을 계획하고 집필을 시작한 지는 2년여 전이었으나, 더 이상 미루어서는 안 되겠다는 생각에 올해부터는 격주로 미팅을 하면서 집필내용을 점검하고 논의하였다. 이러한 과정은 사회복지현장실습 지도에 대한 어려움을 공유하고, 또한 학생들에게 즐겁고 효과적인 실습세미나가 될 수 있는 방안을 함께 고민하는 유익한 시간이었다. 이 책이 출판되기까지 재촉하지 않고 응원하면서 기다려 주신 학지사의 김진환 사장님과 한승희 부장님 그리고 열성적으로 멋진 편집을 해 준 정은혜 차창님께 진심으로 감사드린다.

2024년 8월

저자 일동

차례

제6장 사회복지 프로그램 — 95

제7장 지역사회조사 — 115

제8장 사회복지실천기술 — 133

제1장

사회복지현장실습 개관

- 사회복지현장실습은 사회복지학의 실천학문으로서의 정체성을 대표하는 핵심교과목으로 학교에서의 학습과 현장의 실습을 통합하여 전문 사회복지인력을 훈련하는 것을 목적으로 한다.
- 이 장에서는 사회복지현장실습의 개념과 필요성, 사회복지현장실습의 구성요소, 사회복지현장실습의 목표와 내용, 사회복지현장실습의 기대효과를 살펴본다.

1. 사회복지현장실습의 개념과 필요성

2. 사회복지현장실습의 구성요소

3. 사회복지현장실습의 목표와 내용

4. 사회복지현장실습의 기대효과

1. 사회복지현장실습의 개념과 필요성

1) 사회복지현장실습의 개념

사회복지현장실습은 학교에서 학습한 사회복지실천의 가치 및 윤리, 지식 그리고 사회복지실천 과정 및 기술을 사회복지실천현장, 즉 사회복지 기관과 시설에 실제로 적용하고 경험해 보는 활동을 통해 사회복지 전문직으로서의 사명감을 가지고 사회복지사로서 활동할 수 있는 실천능력의 훈련에 목적을 두는 사회복지 교과과정의 핵심교과목이다(한국사회복지교육협의회, 2022).

사회복지현장실습은 사회복지사 자격을 갖추기 위한 필수 교육과정으로서, 「사회복지사업법」에 기준하여 운영된다. 현재 사회복지현장실습의 운영은 사회복지 기관과 시설 등 사회복지실천현장을 중심으로 실습지도가 이루어지는 현장실습교육과 학교에서 실습세미나를 통해 실습경험을 공유하고 슈퍼비전 및 피드백을 제공하는 학교교육으로 이루어진다. 사회복지현장실습 교육을 통해, 실습생은 다양한 실천현장에서 클라이언트와 만나고 실제적인 업무를 대면하면서 예비사회복지사로서 직간접적인 경험을 한다. 이러한 경험을 통해 사회복지사로서 자신의 자질을 점검하고, 사회복지사로서의 진로에 대해 보다 구체적이고 현실적으로 고민하는 기회를 가진다(홍나미 외, 2023).

이렇듯 사회복지현장실습은 학교에서 배운 이론과 현장에서의 실습을 효과적으로 결합하는 의미 있는 현장교육이자, 사회복지학의 응용학문적 정체성을 반영하는 핵심 교과목이다(최권호 외, 2024). 서구에서 사회복지현장실습의 명칭은 현장실습(field work), 현장경험(field experience), 실습(practicum), 현장교육(field education), 인턴과정(internship) 등으로 다양하게 불리는데, 우리나라에서는 사회복지현장실습(social welfare practicum)이라는 교과목명을 사용하고 있다(한국사회복지교육협의회, 2022; Royse, Dhooper, & Rompf, 2016).

2) 사회복지현장실습의 필요성

사회복지현장실습은 학생들이 사회복지 전문가로서 준비하고 성장하는 데 있어서 꼭 필요한 부분이다. 사회복지분야는 이론적인 학습뿐만 아니라 현장에서의 경험이 매우 중요하다. 학교에서 클라이언트 원조를 위한 이론과 기술, 가치 등을 배우더라도 인간, 문제, 환경과 이들의 관계를 평가하는 기술 그리고 대인 원조 기술이나 소집단 활용 기술, 조직화 기술 등을 현장에 직접 적용하는 것에는 어려움이 따른다. 그러므로 학교에서 배운 제반 이론 및 기술을 사회복지실천현장에 실제로 적용해 보는 직접적 훈련의 기회가 필요하다. 다양한 현장에서 근무하고 있는 사회복지사들의 상황을 관찰하고 클라이언트 및 주변 환경과 직접 접촉하는 현장실습을 통해서 이론적 배움을 현장의 사례에 적용하고, 실무에서 발생할 수 있는 다양한 상황에 대비할 수 있는 역량을 키울 수 있다.

사회복지현장실습은 학생들이 전문가로서의 역량을 향상시키는 데 중요한 역할을 한다. 학생들은 다양한 사회문제를 현장의 사례를 통해서 보다 깊이 있게 이해하고, 실무 경험을 통해서 사회복지사업에 대한 지식과 태도, 기술을 통합시키는 훈련을 하게 된다. 이러한 훈련을 통해서 학생들은 사회복지 전문직으로서의 정체성과 자아인식을 가지고, 사회복지 전문가로서의 역할과 책임을 습득한다. 이처럼 전문성의 발전을 위해 사회복지현장실습이 필요하다(김유경, 전미애, 2016).

사회복지실천현장은 문화, 인종, 종교, 사회경제적 배경이 다양한 클라이언트와 상호작용하고, 그 과정에서 다양한 윤리적 문제가 자주 발생하는 분야이다. 따라서 문화적 감수성과 윤리적 민감성은 사회복지 전문직으로 갖추어야 할 필수 자질이다(박승곤, 2019). 사회복지현장실습은 학생들이 이러한 자질을 함양하고 훈련하는 데 도움이 된다. 사회복지현장실습을 통해서 학생들은 다양한 문화적 배경을 이해하고 인간 다양성에 대한 존중과 이해를 증진시킬 수 있다. 또한 윤리적 문제에 대한 판단력을 키우고 윤리적 행동 지침을 습득하고 적용하는 데 필요한 능력을 키울 수 있다.

2. 사회복지현장실습의 구성요소

사회복지현장실습은 실습생, 실습기관과 실습지도자, 학교와 실습지도 교수가 주체가 되어 이루어지는 교육과정이다([그림 1-1] 참조). 실습생이 실습기관에서 160시간 이상 실습을 하면서 실습지도자의 슈퍼비전을 받고, 동시에 학교에서는 실습지도 교수가 진행하는 실습세미나를 통해 지도를 받는 것으로 사회복지현장실습이 이루어진다. 「사회복지사업법 시행규칙」 제3조는 사회복지현장실습의 주체와 내용에 대해 구체적 기준을 명시하고 있는데, 사회복지현장실습의 각 주체들의 자격요건 및 책임과 역할에 대해서 살펴본다.

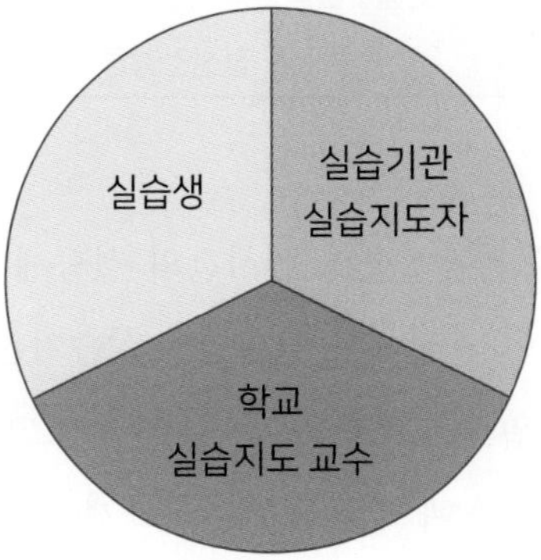

그림 1-1 사회복지현장실습의 구성요소

1) 실습생의 자격요건 및 책무

사회복지현장실습을 하기 위한 실습생의 자격요건에 대한 법적 기준은 따로 있지 않다. 하지만 한국사회복지교육협의회는 사회복지현장실습을 수행하기 이전에 대체로 사회복지학개론, 인간행동과 사회환경, 사회복지실천론, 사회복지실천기술론과 같은 4개의 법정 필수 교과목 이수와 3개의 법정 선택 교과목 이수를 권고하고 있다. 그리고 특정 분야의 실습을 위해서는 관련 선택과목을 이수할 것을 권고하고 있다(한국사회복지교육협의회, 2022). 사회복지현장실습을 하기 이전에 선이수 권고 교과목의 내용은 다음과 같다(〈표 1-1〉 참조).

표 1-1 사회복지현장실습 선이수 권고 교과목

구분	교과목	권고 요건
실습 전 필수 교과목	사회복지학개론, 인간행동과 사회환경, 사회복지실천론, 사회복지실천기술론	4개 교과목 선이수
실습 전 선택 교과목	법정 필수 교과목 및 선택 교과목	3개 교과목 선이수

특정 영역 실습	아동/청소년분야 실습	아동복지론, 학교사회복지론, 청소년복지론	실습영역 관련 선이수
	노인분야 실습	노인복지론	
	장애인분야 실습	장애인복지론	
	다문화분야 실습	사회복지와 문화다양성	
	여성분야 실습	여성복지론	
	의료/정신건강분야 실습	의료사회복지론, 정신건강사회복지론, 정신건강론	

출처: 한국사회복지교육협의회(2022).

실습생은 160시간 이상의 기관실습과 30시간의 실습세미나를 수행할 책임이 있다. 사회복지현장실습을 수행하는 과정에서 실습생은 실습기관과 학교에서 요구하는 다양한 과제물, 구체적으로 실습일지를 포함하여 기관분석보고서, 중간평가서 및 종합보고서 등의 실습활동과 관련된 각종 과제물을 작성하고 제출해야 하는 책임이 있다.

2) 실습기관과 실습지도자의 자격 및 선정기준

사회복지현장실습은 법적 자격요건을 갖춘 실습기관에서 법적 자격요건을 갖춘 실습지도자만 지도할 수 있으며, 기관실습시간에 대한 내용도 법적으로 명시되어 있어, 이를 준수하는 것이 필요하다. 이에 대한 구체적 내용은 다음과 같다(〈표 1-2〉 참조).

표 1-2 실습기관과 실습지도자 자격요건

구분	내용
기관실습시간	• 160시간 이상 • 기관실습은 실습지도자의 근로시간 내에 실시하며, 하루 최소 4시간 이상 최대 8시간 이하로 진행
실습기관	• 사회복지사업을 수행하는 기관, 법인, 시설 또는 단체 • 보건복지부장관으로부터 선정(한국사회복지사협회에 실습기관으로 신청하고 승인받아야 함) • 실습지도자가 2명 이상 상근하고, 아래 자격을 갖추어야 함
실습지도자	• 1급 사회복지사 자격증 취득 후 3년 이상의 사회복지사업 실무경험이 있거나 2급 사회복지사 자격증 취득 후 5년 이상의 사회복지사업 실무경험이 있을 것 • 기관실습이 실시되는 해의 전년도에 8시간 이상 보수교육을 이수해야 함 • 기관 실습지도자 1명이 동시에 지도할 수 있는 학생 수는 5명 이내임

출처: 「사회복지사업법 시행규칙」 제3조.

기관실습시간은 총 160시간 이상이어야 하고, 하루 최소 4시간에서 최대 8시간을 초과할 수 없으며, 실습은 실습지도자의 근로시간 내에 이루어져야 한다. 기관실습 중에 들어 있는 법정 공휴일은 기관실습시간에 포함되지 않기 때문에 실습생은 실습지도자와 협의하여 160시간을 충족할 수 있도록 실습시간을 연장하여야 한다.

사회복지현장실습을 실시하기 위해서 기관은 〈표 1-2〉에서 설명한 요건을 법적으로 갖추어야 한다. 기관에 따라서 사회복지사업을 수행하는 기관이지만, 보건복지부장관으로부터 실습기관으로 선정되는 과정을 밟지 않는 기관이 있는데, 이러한 기관은 사회복지현장실습을 실시할 수 없다. 한국사회복지사협회에서는 보건복지부장관이 실습기관으로 선정하여 사회복지현장실습이 가능한 기관목록을 매 분기마다 홈페이지를 통해서 안내하고 있다. 실습생은 한국사회복지사협회에서 안내하는 기관목록을 참고하여 자신의 실습기관 선정에 도움을 받을 수 있다. 또한 실습생 본인이 근무하는 직장에서의 실습은 인정되지 않기에 본인 직장을 실습기관으로 선정하지 않도록 주의해야 한다.

한편, 실습기관은 실습생들의 교육과 훈련을 위해서 다양한 차원에서 준비되어 있어야 한다. 다음은 실습생이 실습기관을 선정할 때 고려할 수 있는 선정기준이다. 다음의 선정기준에 부합하는 기관이어야 체계적이고 내실 있는 내용으로 실습이 이루어질 수 있다.

실습기관 선정기준

① 사회복지 전문직의 윤리와 가치에 부합되는 정책 방향을 가진 사회복지기관이어야 한다.
② 지역사회에서 전문성을 가지고 사회복지 본연의 임무를 수행하고 있다는 평판이 있어야 한다.
③ 기관 실무자들은 사회복지 전문교육을 받고, 전문교육에 대한 존중과 이해를 하고 있어야 한다. 또한 사회복지현장실습과 관련하여 책임을 수행할 수 있는 의지와 능력이 있어야 한다.
④ 실습내용이 현장실습의 목적에 부합하고, 가능한 한 실습생의 학습 단계에 맞는 것이어야 한다. 이를 위해 기관의 현장실습계획은 실습 전에 학교에 알려야 한다.
⑤ 실습생의 교육 욕구에 적합한 과제를 지속해서 제공할 수 있어야 하며, 이에 대한 교육과 지도를 수행할 수 있어야 한다. 실습업무는 가능한 한 다양한 집단과 문제를 경험할 수 있어야 하며, 다양한 서비스 제공의 기회를 접할 수 있어야 한다.
⑥ 실습생에게 필요한 자료 및 기자재나 사무공간을 제공할 수 있어야 한다.
⑦ 실습지도자가 실습생의 교육과 지도에 충분한 시간을 활용할 수 있는 기관이어야 한다.

출처: 한국사회복지사협회(2017).

실습기관의 실습지도자는 앞의 〈표 1-2〉에서 규정하고 있는 법적 자격요건을 갖추어야 한다. 8시간의 보수교육 이수와 한번에 5명 이내로 실습지도 학생 수를 제한하는 것은 사회복지현장실습에 대한 전문성과 효과성을 보다 향상시키기 위해서 법적으로 새롭게 강화된 내용이다. 실습지도자는 실습생에게 업무를 지도하고 실습일지 기록을 검토하는 등 개별 슈퍼비전을 제공해야 하는 책임이 있다. 실습생의 슈퍼비전에 대한 만족도는 실습생의 전문적 실천능력 향상에 직접적 영향을 미치는 것으로 나타나, 실습기관과 실습지도자는 슈퍼비전에 대해 심도 있는 준비가 필요하다(도향선, 조인주, 2014).

3) 실습지도 교수의 자격 및 실습세미나 운영

학교는 사회복지현장실습 교과목 운영을 위한 행정총괄 및 실습기관과의 연락을 지원한다. 실습지도 교수는 기관의 실습지도자와 협력하여 학생들의 사회복지현장실습기관 선정을 돕고, 실습기관별 사회복지현장실습 운영 계획서에 따라 실습이 운영되도록 교과목을 총괄 운영하고 최종 평가한다.

실습지도 교수는 〈표 1-3〉의 요건을 갖추어야 하며, 그 외 교육과정 중 최소 한 학기 이상 실습경험이 있거나, 사회복지기관에서 1년 이상 근무하면서 슈퍼비전을 제공했던 경험이 있는 자, 또는 실무경험이 풍부한 전임교수가 실습지도를 담당할 것을 권장하고 있다.

표 1-3 실습지도 교수 자격 및 실습세미나 요건

구분	내용
실습지도 교수	• 학사, 석사 또는 박사 학위 중 2개 이상의 학위를 사회복지학 전공으로 취득한 사람으로서 3년 이상의 사회복지학 교육경험 또는 3년 이상의 사회복지사업 실무경험이 있는 교수가 지도할 것
실습세미나	• 1회당 2시간 이상의 실습세미나를 총 15회 이상 실시할 것 • 온라인교육을 실시하는 교육기관의 실습세미나는 대면 방식의 세미나가 총 3회 이상 포함되어야 하며, 이 경우 대면방식의 세미나는 주 1회를 초과하여 실시할 수 없음 • 한 실습세미나에 참여하는 학생 수는 30명 이내일 것

출처: 「사회복지사업법 시행규칙」 제3조.

사회복지현장실습 교육 시 실습지도 교수 1인당 지도학생 수는 법적 기준으로 최대 30명을 넘지 않도록 해야 하지만, 학기 기준 20명이 바람직한 것으로 권장된다(한국사회복지교육협의회, 2022). 실습지도 교수는 현장실습 전 사전 오리엔테이션을 포함, 현장실습 시 기관방문, 실습세미나 운영(강의, 토의, 슈퍼비전) 등을 행할 책무가 있다. 실습세미나는 1회당 2시간 이상씩 총 15회 이상 운영되어야 한다. 실습세미나에서는 다음과 같은 슈퍼비전을 제공하여 지식의 구체성과 현장성을 높이는 교육을 강화한다(김미옥 외, 2014; 한국사회복지교육협의회, 2022).

첫째, 실습 동안 학생의 강점과 약점을 점검하고, 사회복지사로서의 역량강화를 위해 지도한다.

둘째, 학교에서 배운 지식과 현장에서 습득한 실천방법 및 기술을 통합할 수 있게 지도한다.

셋째, 사회복지실천 과정이 다양한 클라이언트 체계에 미치는 영향을 탐색하도록 지도한다.

넷째, 실습기관의 조직, 정책, 행정절차, 기능과 역할을 이해하도록 지도한다.

다섯째, 기관이 속한 지역사회의 욕구를 파악하고 서비스 분석 및 평가를 할 수 있으며 지역사회기관 간의 연계활동을 이해할 수 있도록 지도한다.

여섯째, 실습내용을 사회복지정책, 사회복지 법규 및 제도와 연계하여 이해하도록 지도한다.

일곱째, 현장에서 직면하는 윤리적 딜레마에 대한 대안을 찾을 수 있도록 지도한다.

여덟째, 사회복지사로서의 전문적 자아인식 및 전문적 정체성을 수립할 수 있도록 지도한다.

마지막으로, 실습과정에 대한 자기반성적 고찰을 통해 반영적 실천을 경험하도록 지도한다.

3. 사회복지현장실습의 목표와 내용

1) 사회복지현장실습의 목표

사회복지학은 이론과 실제 모두에 대한 이해가 필요한 실천지향적 학문이고 사회복지현장실습은 실천학문으로서의 특성을 반영하는 핵심교과목이다. 이론이 실천현장에서 어떻게 적용되고 실천현장의 다양한 현상과 문제를 이론적으로 어떻게 설명하고 예측할 수 있는지를 배우고 이해하는 과정을 통해서 전문 사회복지사로서의 역량을 갖추어 나가는 기회를 가지는 것이 사회복지현장실습의 주요한 목적이다(김은정, 김수정, 2018).

사회복지현장실습은 전문 사회복지사로서의 역량을 갖추기 위한 목적을 달성하기 위해서 다음의 구체적 목표를 추구하는 가운데 수행된다(한국사회복지교육협의회, 2022).

첫째, 사회복지현장에서 예비사회복지사로서 사회복지 가치 및 윤리강령, 지식 및 기술을 적용할 수 있다.

둘째, 클라이언트 체계의 욕구와 어려움 확인, 정보수집 및 사정, 개입계획 수립 및 실행 그리고 평가의 전 과정을 수행할 수 있다.

셋째, 지역사회 내 위험집단 및 표적집단의 특성 그리고 강점과 자원을 파악하고 이를 활용할 수 있다.

넷째, 사회복지 시설 및 조직의 사명, 관련정책 및 행정을 이해하고 이를 실천에 적용할 수 있다.

다섯째, 실천현장과 관련된 중앙정부 및 지자체의 사회복지정책 및 전달체계를 분석하고 실천에 적용할 수 있다.

여섯째, 전문 사회복지 인력으로서 적성을 점검하고 자신에 대한 이해를 높이는 과정을 통해 전문적 자기인식과 전문가로서의 정체성을 형성할 수 있다.

일곱째, 사회복지실천 현장 및 분야에 대한 이해를 높이고 실습한 내용을 학문적으로 이해하고 통합할 수 있다.

여덟째, 사회복지사로서 자신의 진로를 결정하는 기회를 가질 수 있다.

한편, 사회복지현장실습의 목표는 지식과 기술, 태도의 측면에서 사회복지 전문성의 개발로 설정될 수 있는데, 지식, 기술, 태도와 관련한 구체적 목표는 다음과 같다(오혜경, 하지영, 2007; 홍나미 외, 2023).

- 다음은 사회복지현장실습을 통해서 습득할 수 있는 지식적 측면의 목표이다.
  - 인간과 환경(공식 · 비공식 체계) 간의 상호관련성에 대한 이해
  - 클라이언트 체계와 다양한 변수들(즉, 생물 · 심리 · 사회적 특성, 문화적 차이 등)과의 상호관련성과 클라이언트 체계에 영향을 미치는 요소들에 대한 이해
  - 클라이언트 체계에 효과적으로 개입할 수 있는 실천방법에 대한 이해
  - 사회복지실천을 평가하는 방법, 즉 개입방법과 결과에 대한 평가 이해
  - 사회복지사의 역할, 지역사회 내에서의 사회복지기관과의 관계 이해
  - 다양한 사회복지실천분야에 대한 사회복지정책, 행정과의 관계, 역동성 이해
  - 사회복지사로서의 철학, 가치, 윤리와 실습생 자신의 개인적인 가치와의 관계 이해
- 사회복지 전문가로서 개발이 필요한 전문적 실천기술에 대한 목표는 다음과 같다.
  - 생태체계 관점에서 클라이언트의 욕구와 상황을 사정하고, 클라이언트를 위한 현실적인 개입목표와 실천방법 및 프로그램을 계획하며, 이를 바탕으로 효과적인 서비스를 제공하는 기술
  - 실천과정에서 요구되는 다양한 의사소통기법들을 활용하는 기술
  - 클라이언트를 위한 다양한 프로그램 및 프로포절을 기획하고 작성하여 실행하는 기술
  - 지역사회에서 이용 가능한 자원들을 개발하고 클라이언트에게 맞는 자원을 연결하고 중재할 수 있는 기술 및 클라이언트를 공식 · 비공식으로 타 기관에 의뢰하는 기술
  - 서비스 관련 기록(전문적인 기록)을 유지, 보관하며, 전문적인 의견이 반영된 보고서를 작성하고, 다른 전문직들과 협조하는 기술
  - 기관조직 내에서 적절한 역할을 수행하고 기관 내 서비스의 장단점을 분석하여 서비스 개선방안을 제시할 수 있는 기술
  - 거시적인 관점에서 정부의 정책과 제도 등을 분석, 평가하는 기술

- 예비사회복지사로서 자신의 강점과 약점, 한계에 대하여 평가할 수 있는 기술

- 사회복지 전문직으로서 가져야 할 태도를 개발하는 목표는 다음의 내용을 포함한다.
  - 클라이언트에 대한 실습생 자신의 감정과 태도를 인식하고 전문직으로서 책임성 있는 태도
  - 실습생으로서 업무를 수행함에 있어 사회복지 전문직의 가치와 윤리의 준수
  - 기관의 실습지도자와 실무자 그리고 타 실습생의 제안을 경청하고 이에 적절히 반응하여 실습업무를 책임감 있게 수행하는 태도
  - 사회복지실천의 성과를 과학적으로 평가하는 것의 중요성 인식
  - 거시적인 관점에서 사회문제와 쟁점을 평가할 수 있는 태도
  - 끊임없이 학습하는 노력을 통해 전문가로서 성장하려는 태도

2) 사회복지현장실습의 내용

사회복지현장실습 교육은 사회복지실천현장과 학교에서 함께 병행되어 이루어진다. 사회복지실천현장에 배치된 실습생은 일정기간 동안 클라이언트 체계(개인, 가족, 집단, 지역사회, 조직)의 욕구충족 및 문제해결을 위해 미시적 · 중시적 · 거시적 수준에서 사회복지사로서 어떤 역할을 수행해야 하는지를 경험하고, 이에 대해 실습기관의 실습지도자로부터 슈퍼비전을 받는다. 학교에서는 실습세미나의 운영을 통해서 실습생이 현장실습에 대한 자신의 경험을 공유하고, 실습지도 교수의 슈퍼비전과 동료의 피드백을 받으며 자신의 실천을 점검하고 발전시켜 나가게 된다.

다음은 사회복지현장실습에서 다루게 되는 주요한 실습내용과 활동 사항을 정리한 것이다.

사회복지현장실습 주요 내용

① 기관, 지역사회, 클라이언트에 대한 이해
② 기관과 관련된 정책 및 제도(지침), 자원 네트워킹에 대한 이해
③ 기관의 사회복지실천(또는 정책 및 행정 분야)에 대한 직간접적인 경험
④ 기관의 행정 및 기록에 관한 교육
⑤ 사회복지사로서의 윤리적 실천 및 가치, 안전지침에 대한 교육
⑥ 실습내용에 대한 피드백 및 정기적인 슈퍼비전 제공, 실습 중간평가 진행 및 평가내용의 반영, 종결평가 진행 및 실습평가서 작성

출처: "기관실습 실시기관 선정 및 선정취소 등 사회복지현장실습 운영에 관한 고시" 중 제9조 사회복지현장실습 운영 (2019년 11월 14일 확정고시).

이와 같은 실습활동을 통해서 실습생은 사회복지현장에서 이루어지는 서비스를 기획, 전달, 평가하는 과정에 참여하고, 자신의 업무수행에 대해 실습지도자와 실습지도 교수의 슈퍼비전을 통해 사회복지사로서의 전문적 정체성을 수립하고 실무역량을 강화할 수 있다. 실습생은 현장실습일지, 사례기록, 기관분석보고서, 중간평가서, 최종평가서 등 실습활동과 관련된 다양한 과제물을 제출해야 하는 책임이 있다. 실습기관은 실습지도자를 지정하여 실습학생에 대한 행정적 · 교육적/임상적 · 정서적/지지적 슈퍼비전과 더불어 실습일지 및 각종 기록에 대한 개별적인 슈퍼비전을 제공한다. 학교에서는 실습지도 교수가 사회복지현장실습의 전 과정을 지도하기 위해 실습기관 및 실습지도자와 긴밀한 관계를 유지한다.

4. 사회복지현장실습의 기대효과

사회복지현장실습을 통해서 실습생뿐만 아니라, 실습기관과 학교 모두가 각각 긍정적 효과를 기대할 수 있다. 실습생은 사회복지실천에 대한 전문적 차원뿐만 아니라 내적 욕구, 성숙한 삶, 리더십 등 개인적 차원에서도 성장을 경험하는 것으로 보고된다(양혜원, 2019). 실습기관은 실습생을 받음으로써 새로운 인력을 수급받고, 미래 사회복지사를 양성할 수 있는 기회를 가질 수 있으며, 지역사회 내 기관의 홍보효과와 학교와의

협력체계를 구축할 수 있다. 학교는 학교 본연의 교육목표를 효과적으로 실현하고, 지역사회기관과의 협력체계를 확대하여 산학협력의 활성화 효과를 기대할 수 있다.

이 절에서는 사회복지현장실습의 각 주체인 실습생, 실습기관, 학교가 사회복지현장실습을 통해서 기대할 수 있는 효과를 살펴본다(김주희, 2023; 박용오, 2022; 이외승 외, 2017).

1) 실습생의 기대효과

첫째, 학교에서 배운 이론을 실습현장에 적용하는 기회를 가지게 된다. 학교에서 배운 이론과 실천기술을 실습현장에 직접적으로 응용해 보는 기회를 가지면서 이론과 실천의 통합 중요성을 알게 되고, 실천현장학습에서 새로운 지식과 기술을 습득하는 효과를 기대할 수 있다.

둘째, 사회복지현장실습 기간 동안 실습생은 클라이언트와 동료 그리고 전문가 집단과의 접촉을 통하여 사회복지의 문화, 규범, 가치를 배우고, 내면화하는 과정을 거치면서 전문 사회복지사로서의 사회화 효과를 기대할 수 있다.

셋째, 자신에 대한 탐색과 성찰은 사회복지사의 기본적이며 아주 중요한 요소이다. 사회복지현장실습 기간 동안 새로운 환경에서의 적응력과 관계형성에 대한 깊이 있는 탐구의 시간이 주어지기에 사회복지사로서 자신의 장단점을 발견하고, 이를 직업적 성장의 계기로 삼을 수 있다.

넷째, 사회복지현장실습 기간 동안 실습생은 사회복지 전문직이 자신에게 적합한 직업인지를 탐색하고 이를 결정할 기회를 가질 수 있다(이해경, 조우홍, 2013). 따라서 사회복지현장실습은 실습생이 자신의 장래계획을 수립하는 데 중요한 역할을 한다. 또한 아동복지, 청소년복지, 장애인복지, 노인복지 등 다양한 사회복지분야 중에서 사회복지사로서 자신에게 잘 맞고 유능성을 발휘할 수 있는 사회복지분야의 적합성을 점검할 수 있다.

다섯째, 사회복지현장실습을 통해서 사회복지 지도자로서의 자질과 지도방법을 배우고 훈련하게 되고 이는 미래의 실습지도자로서 도약하는 기틀로 작용할 수 있다.

2) 실습기관의 기대효과

첫째, 실습기관이 부족한 인력을 보충할 수 있는 기회를 가질 수 있다. 실습생은 실습기관으로부터 교육과 훈련 기회를 제공받는 것뿐만 아니라, 보조적이지만 여러 가지 실질적 도움을 제공하는 역할을 한다. 인력부족으로 어려움을 겪는 기관의 입장에서 실습생은 훌륭한 인적 자원이 된다.

둘째, 기관 및 현장의 특성에 적합한 맞춤형 사회복지사의 양성 기회를 가질 수 있다. 실습기관은 기본적으로 사회복지사의 질적 수준을 향상시켜서 전문적이고 충실한 사회복지사를 양성하는 데 이바지한다. 더 나아가서 기관의 특성에 따라, 기관에서 요구되는 세부 실천역량을 실습생에게 훈련시켜서 실습기관이 실습생의 미래 취업현장이 될 가능성이 높다. 이러한 점에서 사회복지현장실습은 기관의 잠재적인 실무자 양성 효과를 기대할 수 있다.

셋째, 기관 및 시설의 인력 충원을 위한 효과적이고 효율적인 인력 수급의 기회를 얻는다. 사회복지기관이 실습생의 실습과정을 통해서 실질적으로 검증하거나 확인된 우수한 인력의 수급을 꾀할 수 있다.

넷째, 실습기관의 실습지도자는 사회복지현장실습을 통해서 사회복지 전문 리더로서의 자신의 태도를 재정비하고 사회복지실천기술을 향상시킬 수 있다. 실습생을 지도감독하기 위해서 실습지도자는 실습지도계획을 수립하고, 현장의 지식 및 기술을 효과적으로 전수하고 훈련시키기 위한 방법을 고민하게 된다. 이러한 과정은 자칫 매너리즘에 빠지기 쉬운 사회복지실천현장에서 실습지도자가 매너리즘에서 벗어나 새로운 프로그램과 기술의 도입을 꾀할 수 있고, 사회복지 리더로서 성장할 수 있는 계기로 작용할 수 있다.

다섯째, 사회복지현장실습은 기관과 시설이 위치한 지역사회 내 기관 상호 간의 협력체계를 구축하는 데 기여할 수 있다. 실습생의 현장실습과 연계하여 지역사회에 프로그램과 서비스의 제공을 통해서 기관의 인지도를 직간접적으로 높일 수 있고, 지역사회복지실천체계의 구축이 쉽게 되는 효과를 기대할 수 있다.

3) 학교의 기대효과

첫째, 사회복지현장실습을 통해서 학교는 사회복지교육의 본질적 목적을 효과적으로 실현할 수 있다. 사회복지교육의 본질적 목적은 학생이 이론적 지식과 실무능력을 통합하여 사회복지 전문가로서의 역량을 갖추고, 사회적 변화를 주도할 수 있는 능력을 함양하는 것이다. 이러한 교육의 목적을 실현하는 데 있어서 이론학습과 실천이 통합된 사회복지현장실습이 중요한 역할을 할 수 있다.

둘째, 학교가 실습기관 및 시설과 유기적 관계를 형성하여 사회복지 현장경험의 기회를 지속적으로 제공받을 수 있다. 이러한 관계는 학생들에게 현장에서의 실무경험을 제공하고, 실무자들과의 교류를 통해 현장실무의 지식과 전문성을 갖추는 데 도움이 될 수 있다.

셋째, 학교의 실습기관 및 시설과의 유기적 관계형성으로 산학협력을 활성화시킬 수 있다. 학교는 사회복지실천현장의 요구사항과 트렌드를 파악하여 교육과정을 개선하고, 실무 중심의 교육을 제공할 수 있어서 학교의 이론교육을 뒷받침할 수 있다. 또한 산학이 함께하는 연구활동을 통하여 현장 트렌드를 반영한 시의적인 연구를 강화할 수 있다.

넷째, 학교는 실습기관의 실습지도자들과 긴밀한 관계를 유지함으로써 실습기관과 지역사회에서의 인지도를 향상시킬 수 있다. 실습기관과의 협력을 통해 학교가 지역사회와 연계되어 있는 것을 보여 줌으로써, 학교는 지역사회의 신뢰와 지원을 얻을 수 있다. 이를 통해 학교는 지역사회와의 관계를 강화하고 학교활동을 활발하게 할 수 있다.

다섯째, 실습기관 및 시설과의 유기적 관계형성으로 학생들의 취업 기회가 확장될 수 있다.

여섯째, 학교와 지역사회 그리고 사회복지 기관과 시설 연계의 자원봉사활동 등을 통하여 지역주민과 학생의 자아실현과 사회복지 증진에 이바지할 수 있다.

제2장

사회복지현장실습의 목적과 목표 점검

- 사회복지현장실습에 참여하는 목표와 실습에 기대하는 바는 사람마다 다르고, 개인의 성격이나 기질에 따라 실습준비의 내용이나 방식에 차이가 있다.
- 이 책에서는 실습준비를 실습 전 개인의 목적과 목표 점검, 실습생의 기관에 대한 사전 파악, 자기돌봄과 스트레스 관리의 세 영역으로 구분하고 각 영역의 준비에 대하여 한 장씩 할애하여 차례대로 살펴본다.
- 이 장에서는 실습 전 개인의 목적과 목표 점검에 대해 다룬다. 특히 이 목적과 목표의 점검이 왜 중요한지 그리고 자신의 사회복지전공의 목적은 무엇인지로부터 출발하여 실습의 목표 작성과 실습프로파일 작성까지 직접 시도해 본다.

1. 목적지향의 중요성

2. 나의 사회복지 전공자로서의 목적

3. 사회복지현장실습의 개인적 목표

4. 실습생 프로파일 작성

1. 목적지향의 중요성

먼저, 다음의 연구결과를 읽고 이 결과들이 시사하는 바는 무엇인지 적어 본다.

(1) 삶의 목적의식이 강할수록 일상에서 기분이 좋고 스트레스를 자아내는 일에 노출되어도 목적의식이 약한 사람에 비해 신체적 증상을 덜 느낀다(Hill et al., 2018).

(2) 삶의 목적의식이 강할수록 노년기 인지검사에서 좋은 점수가 나오고 우울점수는 낮고 본인이 건강하다고 느낀다(Windsor, Curtis, & Luszcz, 2015).

(3) 삶의 목적의식 정도는 현재 소득을 예측하고(목적의식이 강할수록 소득이 높음), 목적의식이 강한 이들이 목적의식이 약한 사람에 비해 미래의 소득증가분이 유의미하게 높다(Hill et al., 2016).

(4) 목적지향적 종사자가 돈(money)지향적 종사자와 진급지향적 종사자에 비해 일에 열심히 참여하고 일에 대한 만족도가 높았다. 목적지향적 종사자는 지도자 역량과 근속예측기간이 다른 종사자에 비해 높았다(Hurst, 2015).

(5) 젊은 판매원들을 대상으로 한 연구에서, '삶의 목적의식' 변수가 '돈에 대한 갈망' 변수보다 실제 판매성과를 예측하는 데 있어서 더 강력한 예측변수였다(Good, Hughes, & Wang, 2022).

위 연구결과들이 시사하는 바:

노동의 금전적 대가와 시기적절한 진급은 대부분의 노동자에게 일을 더 열심히 하고 싶도록 동기를 부여하고 보람을 느끼게 하는 매우 중요한 요소이다. 월급과 승진도 중요하지만 위 연구결과들에 의하면 개인의 기분, 건강, 인지능력, 일에 대한 만족도와 열정, 성과 등에 영향을 미치는 요인들 중 무엇보다도 중요한 것은 '내가 얼마나 목적지향적인

가'라는 것이다. 사회복지현장도 예외는 아닐 것이다. 사회복지현장에서 일하고자 할 때 처우와 경력개발의 가능성도 고려해야 할 점들이지만 나의 목적부터 분명히 하는 것이 좋다. 다시 말해, 보람 있게 열정적으로 일하면서 현장에서 변화와 성장을 도출해 내는 데 기여하려면 연봉, 처우, 전망과 더불어 목적에 대한 고찰이 필수라는 것이다.

사회복지현장실습은 사회복지 전공자로서 개인의 목적을 분명히 하고, 관심이 가는 사회복지기관이나 일터의 목적이 나의 목적과 고스란히 포개지는지 확인해 볼 수 있는 좋은 기회이다. 여기서는 실습 전 나의 사회복지전공자로서의 목적과 현장실습의 개인적 목표를 글로 표현해 본다. 나의 목적과 실습기관이 지향하는 바가 서로 부합하는지에 대해서는 기관에 대해 사전 파악하는 다음 장에서 검토해 보도록 한다.

2. 나의 사회복지 전공자로서의 목적

첫 번째 단계는 나의 사회복지전공자로서의 목적을 글로 표현하는 것이다. 매우 강하고 뚜렷한 목적의식을 갖고 있는 사람도 있을 것이고 아직 '왜 사회복지를 전공하는가'에 대해서 자신 있게 답하지 못하는 사람도 있을 것이다. 일차로 다음의 빈칸에 적어 본다.

내가 사회복지를 전공하는 궁극적 목적은? 사회복지 공부를 통해 이루고자 하는 것은 무엇인가?   조별로 또는 옆 사람과 공유하면서 다른 사람들은 어떤 목적을 갖고 있는지 파악해 본다. 자주 떠오르는 키워드들은 어떤 것인지 적어 본다.

'사회복지를 전공하는 목적'이라는 개념이 너무 추상적이거나 부담스럽게 느껴진다면 다음의 질문들에 대해 생각해 보는 것이 나의 목적지향성을 향상시키는 데 도움이 될 수 있다. 모두 답하기 어렵다면 답하기 쉽거나 특히 관심이 가는 질문들을 골라 답을 적어 보도록 한다.

1) 지금까지 살면서 가장 기쁘고 보람 있었던 순간은 언제인가?

2) 시간 가는 줄 모르고 푹 빠지면서 뿌듯한 활동이 있다면 그것은 무엇인가?

3) 내가 노력하지 않아도 자연스럽게 관심이 가는 것이 있다면 그것은 무엇인가?

4) 내가 중요하다고 생각하는 가치는 어떤 것들인가?

5) 사회복지사가 된다고 했을 때 어떤 점이 가장 신나는가?

6) 사회복지의 다양한 분야 중에서 어떤 분야에 가장 관심이 있는가?

7) 사회복지분야에서 일하면서 무엇을 성취하기를 원하는가?

8) 나의 강점과 관심사가 사회복지현장에 잘 맞을 것 같은가? 어떤 점에서 그런가?

9) 내가 만들고 싶은 세상은 어떤 세상인가?

어떻게 답해야 할지 잘 모르겠거나 내가 적은 답이 나의 마음에 흡족하지 않을 수도 있지만, 걱정하거나 불안해할 필요는 없다. 사회복지현장실습 자체가 이런 질문들에 대한 답을 찾는 과정의 일부이기 때문이다. 따라서 실습기간 중 스스로에게 앞의 질문들을 던지면서 곰곰이 그 답을 생각해 볼 것을 권장한다. 참고로 앞의 질문들은 채용을 위한 면접에서 면접관이 던질 수도 있는 질문들이다.

앞의 질문들 중에서 특히 궁금한 것 또는 좀 더 발전시키면 좋겠다는 생각이 드는 항목 서너 개를 골라서 다음의 빈 상자 안에 적어 본다. 추가로 이 외에 나의 목적을 뚜렷하게 하는 데 도움이 될 만한 다른 질문들도 생각난다면 적어 보도록 한다. 실습기간 중 이 질문들을 자주 떠올려서 곰곰이 생각하거나 관련 주제의 글을 쓰도록 권장한다.

1.

2.

3.

4.

5.

3. 사회복지현장실습의 개인적 목표

지금까지 사회복지전공의 목적을 생각해 보았고, 여기서는 실습의 목표를 작성해 본다. 목적이 보다 추상적이고 궁극적인 지향점이라면 목표는 더 구체적이고 단기적이며 범위가 상대적으로 좁은 도달 지점이다. 사회복지현장실습의 목표를 세울 때는 다음의 원칙, 즉 영어 단어의 첫 글자를 따서 SMART하게 세우면 도움이 된다(Grise-Owens et al., 2018).

- S: Specific (너무 추상적이지 않고) 구체적인
- M: Measurable (설문조사, 검사, 관찰 등을 통해) 측정 가능한
- A: Achievable (너무 허황되거나 불가능하지 않고) 성취 가능한
- R: Realistic (내 삶에 현실적으로 도움이 된다는 의미에서) 현실적인
- T: Time-limited (분명한 시작과 끝이 있다는 의미에서) 시간제한적인

이 다섯 가지 원칙을 동시에 모두 지키는 것이 쉽지 않을 수도 있지만 최대한 적용시켜서 다음의 빈칸에 개인의 구체적인 실습목표를 일차로 작성해 본다. 이 목표들에 대해서는 이후 더 구체화시키고 다듬을 기회를 가질 것이다.

4. 실습생 프로파일 작성

이제 앞에서 생각해 본 목적과 목표를 바탕으로 실습기관에 제출할 실습생 프로파일과 실습신청서를 작성해 본다. 실습생 프로파일과 실습신청서는 실습기관에서 실습생을 선정할 때 선정기준으로 삼기도 하는 중요한 문서이기에 정성껏, 완성도 높게 작성하는 것이 좋다. 작성할 때는 다음을 주의한다.

① 모든 칸에 정확한 정보를 꼼꼼히 채운다.
② 글자크기, 줄간격, 여백 등 편집에도 주의를 기울인다.
③ 오타나 문법적 오류가 없도록 점검한다.
④ 작성 후 자신이 쓴 글을 소리 내어 읽어 봄으로써 가독성이 좋은지도 확인해 본다.

〈실습생 프로파일〉

1. 인적사항

(사진)	실습생명		성별		생년월일	
	소속	대학교		학과		학년(학기)
	주소					
	전화번호	집:		휴대폰:		
	E-mail					

2. 이수 전공과목

교과목명	이수 완료	현재 이수	교과목명	이수 완료	현재 이수	교과목명	이수 완료	현재 이수
사회복지학개론			인간행동과 사회환경			사회복지실천론		
사회복지실천기술론			사회복지행정론			사회복지정책론		
사회복지조사론			지역사회복지론			사회복지법제와 실천		
아동복지론			장애인복지론			노인복지론		
가족복지론			청소년복지론			학교사회복지론		
여성복지론			사회복지역사			사례관리론		
의료사회복지론			정신건강 사회복지론			사회복지윤리와 철학		
복지 프로그램 개발과 평가			사회복지와 문화다양성			가족상담 및 가족치료		

3. 경력

구분 (취업, 실습, 봉사)	기관	기간	내용

4. 사회복지를 전공하게 된 동기

5. 실습기관 선택 이유

6. 실습을 통해서 성취하고자 하는 목표

7. 사회복지를 실천하는 데 있어 자신의 강점과 약점

1) 사회복지 지식 및 기술의 측면	2) 개인적인 특성 측면

8. 취미 및 특기

9. 실습기관, 실습지도자 및 실습지도교수에게 바라는 점

〈실습신청서〉

O 실습기관: ______________________________

1. 실습생 인적사항

<table>
<tr><td>이름</td><td></td><td colspan="2">생년월일</td><td colspan="2"></td></tr>
<tr><td>소속</td><td></td><td>학과</td><td></td><td>학년/
학기</td><td></td></tr>
<tr><td>현주소</td><td colspan="5"></td></tr>
<tr><td>전화번호</td><td colspan="2">집:</td><td colspan="3">휴대폰:</td></tr>
<tr><td>E-Mail</td><td colspan="5"></td></tr>
</table>

2. 실습 의뢰내용

실습분야	사회복지현장실습
실습기간	

* 상기 내용으로 귀 기관에 실습신청을 의뢰합니다.

신청인(학생명): ______________ 인

실습지도교수: ______________ 인

학　과　장: ______________ 인

〈실습생 프로파일(예시)〉

1. 인적사항

(사진)	실습생명	김○○	성별	여	생년월일	2003년 4월 5일
	소속	○○○○대학교 사회복지학과 3학년				
	주소	충청북도 ○○시 ○○구 ○○동 987-65				
	전화번호	집: ○○○-○○○-○○○○ 휴대폰: 010-○○○○-○○○○				
	E-mail	○○○○○○○○@○○○○.com				

2. 이수 전공과목

교과목명	이수 완료	현재 이수	교과목명	이수 완료	현재 이수	교과목명	이수 완료	현재 이수
사회복지학개론	○		인간행동과 사회환경	○		사회복지실천론	○	
사회복지실천기술론	○		사회복지행정론	○		사회복지정책론		
사회복지조사론		○	지역사회복지론			사회복지법제와 실천		
아동복지론	○		장애인복지론			노인복지론	○	
가족복지론	○		청소년복지론	○		학교사회복지론	○	
여성복지론	○		사회복지역사	○		사례관리론		○
의료사회복지론		○	정신건강 사회복지론			사회복지윤리와 철학		
복지 프로그램 개발과 평가	○		사회복지와 문화다양성			가족상담 및 가족치료		

3. 경력

구분 (취업, 실습, 봉사)	기관	기간	내용
봉사	○○요양원	2023년 1월~2023년 3월	주 1회 어르신 말벗 자원봉사
봉사	○○○○복지관	2023년 3월~2023년 6월	월 2회 마을환경지킴이 자원봉사
봉사	○○○지역아동센터	2024년 1월~2024년 3월	주 2회 방과후 개별학습지도 (1학년 산수)

4. 사회복지를 전공하게 된 동기

나는 항상 취약한 상황에 처한 사람들을 돕고 싶다는 마음이 컸던 것 같다. 그러다가 사회복지를 전공하기로 결심한 것은 내가 고등학교 2학년 때였다. 사회복지를 통해 사람들이 직면한 도전을 극복하는 과정에 어떤 방식으로든 함께하고 싶고 모두의 웰빙을 향상시키는 데 기여하고 싶다. 이러한 동기는 중학교 때부터 줄곧 다양한 사회복지기관에서 자원봉사를 하면서 강해졌고 기관의 사회복지사들과 이야기를 나누면서 더욱 구체화되었다. 사회복지사로 일하는 나의 모습을 상상하는 것이 어렵지 않은 만큼 나의 적성에도 잘 맞을 것이라고 생각한다.

5. 실습기관 선택 이유

○○○○종합사회복지관은 지역의 특성과 욕구를 반영하여 다양한 프로그램과 사업을 활발히 진행하는 기관으로 잘 알려져 있다. ○○○○종합사회복지관에서 실습할 수 있다면 광범위한 분야를 경험할 수 있을 것이고 이 경험이 앞으로의 진로계발에 도움이 될 것이다. 특히 복지관의 주요 사업 중 하나인 ○○○○○사업은 놀이의 중요성을 강조하며 어떤 아동이든 참여할 수 있도록 개방시켰다는 점에서 관심이 많이 간다. 졸업 후 아동복지분야에 진출하고픈 마음이 크기에 ○○○○종합사회복지관에서 실습할 수 있다면 이 사업에도 꼭 참여하여 배우고 싶다.

6. 실습을 통해서 성취하고자 하는 목표

1. ○○○○종합사회복지관의 다양한 프로그램과 사업의 개요 파악하기
2. 특히 ○○○○○사업에 참여하여 아동들과도 직접 대면하고 관계를 만드는 체험하기
3. 사회복지가 나의 적성에 맞다고 생각해 왔지만 나의 관심분야인 아동복지가 실제로 적성에 부합하는지 탐색하기

7. 사회복지를 실천하는 데 있어 자신의 강점과 약점

1) 사회복지 지식 및 기술의 측면	2) 개인적인 특성 측면
나는 공감과 경청의 기술, 기본적인 면담기술, 친절한 태도 등 사회복지사의 기본기술은 대체로 갖추었다고 생각한다. 지식에 있어서는 모든 전공과목의 성적이 우수한 편이지만 '인간행동과 사회환경'에서 배운 심리학 관련 내용이나 발달론, 사회학 관련 내용은 개인적으로 난이도가 높게 느껴졌다.	나는 사람들과 두루 잘 어울리고 친화력이 좋다는 이야기를 여러 차례 들었다. 인내심과 목표의식이 강해서 한번 시작한 일은 대체로 포기 없이 달성하는 스타일이다. 특히 사람들과 함께 어떤 일을 해낸다는 것 자체가 기쁘다. 다만, 너무 많은 것을 하려고 욕심을 낼 때가 있는데, 그러다 보면 번아웃이 심하게 오기도 한다.

8. 취미 및 특기

나의 취미는 음악과 영화감상이다. 좋아하는 그룹의 새로운 음원은 꼭 내 돈으로 구입한다. 유튜브나 넷플릭스로 볼 수도 있지만 매달 적어도 한 번은 일부러 영화관에 간다.

특기는 강아지 돌보기, 강아지 영양간식 만들기이다. 우리 동네에서 내가 만든 영양간식은 제법 인기가 많다.

9. 실습기관, 실습지도자 및 실습지도교수에게 바라는 점

가급적 복지관 이용자와 직접 대면할 수 있는 기회가 많기를 바람. 이것이 여의치 않다면 기관의 사회복지사들이 행정적인 일을 하는 모습보다 실제로 현장에서 뛰는 모습을 가까이에서 더 많이 보고 체험할 수 있으면 좋겠음

제3장

사회복지현장실습 기관과 실습과정에 대한 파악

- 이 장에서는 사회복지현장실습을 담당하는 교육기관과 실습기관의 실습진행에 관련된 사항을 실습 전에 미리 파악한다.
- 먼저, 교육기관과 실습기관의 실습진행에 대한 정보를 파악하고 실습기관의 설립목적, 역사, 주이용자, 주요 사업 등 기관 자체에 대한 정보도 수집할 수 있도록 안내한다. 실습생이 기관의 정직원은 아니지만, 그에 준하는 역할수행을 위해 기본적인 전화응대 예절과 기관 실습지도자와의 협력적 관계에 대해서도 다룬다.
- 마지막으로, 실습생으로서의 바람직한 마음가짐과 자세를 살펴보고 이 자세와 태도를 가상의 상황에 적용시켜 본다.

1. 교육기관의 실습과정에 대한 정보
2. 실습기관과 실습진행에 대한 정보
3. 실습기관에서의 기본적 전화응대 예절
4. 실습기관의 슈퍼비전에 대한 정보
5. 실습생의 바람직한 자세와 마음가짐

1. 교육기관의 실습과정에 대한 정보

실습생은 실습기관과 소속된 교육기관(학과)에서의 실습진행과 관련된 사항에 대해서 숙지하는 것이 좋다. 기관에서의 실습이 진행되기 전과 후에 학과에서 최소 30시간의 실습세미나를 실시해야 하는데, 내가 실습세미나의 일정을 인지하고 있는지, 실습세미나 중 제출해야 하는 과제가 있는지 점검해야 하고, 과제제출 방법과 마감일도 알고 있어야 한다. 또한 실습을 위해 실습생이 실습기관에 제출해야 하는 서류는 무엇이며 기관이 학교로 제출해야 하는 서류는 무엇인지 등에 대해서도 상세한 정보를 입수하여 파악하고 있어야 한다. 다음의 항목들에 대해 하나하나 답하면서 점검하도록 한다.

점검항목	각 항목에 대한 답을 파악하여 기록하기
(1) 실습세미나에 참여하지 않을 경우 사회복지사 자격증 취득에 필요한 필수학점을 취득하지 못할 수도 있음을 알고 있는가?	□ 그렇다 □ 아니다
(2) 학과에서 진행하는 실습세미나 일정은 언제인가?	
(3) 실습세미나에서 제출해야 하는 과제는 무엇인가?	
(4) 과제제출 방법과 마감일은 언제인가?	
(5) 실습지도교수의 기관방문 일정은 언제인가?	
(6) 실습생이 실습기관에 제출해야 하는 서류는 무엇인가?	
(7) 기관이 실습생을 위해 학교로 제출해야 하는 서류는 무엇인가?	

2. 실습기관과 실습진행에 대한 정보

한 달간 주중에 매일 출근할 실습기관은 어떤 곳인지, 어떤 철학을 가지고 어떤 클라이언트와 함께하며, 주된 사업이나 프로그램은 무엇인지 등을 숙지하는 것이 좋다. 실습기관은 사회복지현장의 분류기준, 즉 ① 기관의 목적, ② 설립주체나 자금의 조달방식, ③ 서비스의 직접 또는 간접 제공 여부, ④ 제공되는 주거서비스 형태, ⑤ 서비스가 제공되는 인구집단이나 대상문제에 근거하여 파악하면 된다(문현주 외, 2019).

분류기준	내용	예
기관의 목적	일차현장(기관의 일차적 기능이 사회복지서비스 제공)	종합사회복지관, 건강가정지원센터, 지역아동센터
	이차현장(사회복지서비스 제공은 이차적인 목적)	의료기관, 교정시설, 학교
설립주체나 자금의 조달방식	공공기관	주민자치센터
	민간기관	사회복지법인, 비영리기관
서비스의 직접 또는 간접 제공 여부	행정기관	보건복지부, 사회복지공동모금회, 한국사회복지협의회
	서비스기관	사회복지전담공무원, 지역사회복지관, 노인복지시설
제공되는 주거서비스 형태	생활시설	노인양로시설, 아동보호시설, 장애인생활시설
	이용시설	노인복지관, 지역아동센터, 장애인복지관
서비스가 제공되는 인구집단이나 대상 문제	가족복지, 아동복지, 청소년복지, 학교사회복지, 의료사회복지, 정신건강사회복지, 중독과 약물남용, 장애인복지, 군복지, 교정복지, 다문화 등	노인복지관(노인복지), 장애인요양시설(장애인복지), 정신건강복지센터(정신건강사회복지)

관심기관을 파악하여 그 기관들의 실습진행 절차, 특히 실습신청 절차가 무엇인지 파악해야 한다. 실습기관마다 신청 절차나 방법이 다를 수 있기 때문이다. 일례로 어떤 기관은 기관 홈페이지에서 온라인 접수 후 선착순 선발할 수도 있고, 어떤 기관은 신청서 접수마감 후 제출자들을 면접한 후에 일정 수의 실습생을 선발할 수도 있다. 따라서 실습신청을 원하는 경우 교육기관의 실습지도교수와 긴밀히 소통하면서 실습기관의 신청 절차에 따르는 것이 좋다.

실습지가 결정되면 다음과 같은 방식으로 실습기관에 대해 알아볼 것을 권장한다. 특히 가장 기본적인 정보(기관명, 설립목적, 연혁, 주요 사업, 주된 이용자들의 특징 등)에 대해서는 실습 시작 전에 숙지할 필요가 있다.

- 실습기관 홈페이지를 방문하여 조직과 설립목적, 연혁, 주요 사업, 주이용자들의 특징 등을 확인한다. 기관의 주요 사업들 중에서 특히 나의 관심이 가는 사업은 무엇인지도 파악해 본다. 기관의 목적이 이 책의 제2장에서 살펴본 나의 실습목적에 부합하는지 점검한다.
- 대략 실습 시작 일주일 전에 기관실습지도자를 찾아가 인사하고 사전에 무엇을 준비하면 좋을지 조언을 구하는 것도 생각해 볼 만하다. 이때 기관실습지도자와 약속을 잡고 가도록 한다.
- 추천도서가 있다면 미리 구입하여 읽어 보도록 한다.
- 실습지 주변을 산책하면서 주변 환경, 휴식공간, 편의시설 등을 관찰하고 파악한다.
- 먼저 실습을 나갔던 선배들을 찾아 그들이 체험을 통해 얻은 지식과 지혜를 전수받는다.
- 실습지의 해당 복지 서비스와 정책은 어떤 것이 있는지 찾아보고 관련 과목을 수강했었다면 당시의 교재나 과제를 다시 훑어보며 기억을 상기시킬 수도 있다.

3. 실습기관에서의 기본적 전화응대 예절

실습기관에 대한 기본적인 정보를 수집하여 숙지하는 것이 중요한 이유 중 하나는 기관으로 걸려 오는 전화를 받거나 연계기관이나 종사자, 당사자에게 전화를 걸어야 하는 상황이 생기기 때문이다. 현장실습기관뿐 아니라 어떤 일터에서라도 걸려 오는 전화를 적절히 응대하고 현장의 다른 종사자들과 전화로 소통하는 것은 매우 중요하다. 왜냐하면 전화통화가 그 기관의 지지자, 기부자, 이용자, 타 종사자의 입장에서 해당기관을 대하는 첫 번째 접점이 되는 경우가 많기 때문이다.

- **얼굴을 보고 갖는 첫인상**: 0.1초만에 생성되고(Willis & Todorov, 2006)
- **웹사이트에 대한 첫인상**: 0.05초 내에 생성된다(Lindgaard et al., 2006)는 연구결과

개인이 타인에 대한 인상을 형성하는 것은 생각보다 순식간에 일어나는데, 처음 전화를 응대하는 사람이 전화를 걸어 온 사람에게 어떻게 대하느냐에 따라 짧은 시간에 기관에 대한 긍정적이고 전문적인 인상을 남길 수도 있고 그 반대의 인상을 남길 수도 있다. 그런데 모든 것을 휴대폰의 앱이나 문자로 해결하는 것에 익숙한 사람에게는 전화받기와 걸기가 매우 생소하고 어려운 일로 여겨질 수 있다. 그렇기 때문에 실습생들도 적절한 전화예절과 처리에 대한 기본적인 지식을 구비하는 것이 바람직하다.

기본적인 전화예절: 전화를 받을 때

① 전화는 가급적 신호음이 3회 이상 울리기 전에 받는 것이 좋다.
② 기관 고유의 응대방식을 숙지하여 따른다(예: "안녕하십니까, ○○종합사회복지관입니다.").
③ 친근하고 전문적인 어조를 유지한다.
④ 분명하게 발음하고 적당한 크기로 말한다.
⑤ 상대방의 말을 끊거나 방해하지 않는다.
⑥ 도움이 되고자 하는 태도를 보여 준다.
⑦ 내가 받은 전화를 다른 사람이나 부서로 연결시켜야 할 경우, 전화를 걸어 온 이에게 연결시켜 드리겠다고 이야기한 후 연결을 시도한다. 혹시 전화가 끊길 경우를 대비하여 연결시킬 곳의 내선번호를 공유한다.
⑧ 전화를 받아야 하는 담당자가 부재중인 경우 남길 메모가 있는지 묻는다. 발신자의 이름, 전화번호, 용건을 받아 적고 발신자에게 받아 적은 내용을 다시 한 번 들려주어 확인한다. 확인된 내용을 담당자에게 꼭 전달한다.
⑨ 전화를 걸어 온 이가 긴급한 용무임을 강조하며 신속한 조치를 요구할 경우 가능한 한 신속히

담당자를 찾아 연결하거나 담당자 부재 시 같은 부서의 다른 종사자 또는 실습지도자에게 어떻게 대응할지 문의한다.

기본적인 전화예절: 전화를 걸 때

① 인사한다(예: "안녕하세요, 수고많으십니다.").
② 기관명과 나의 이름을 밝힌다(예: "○○장애인복지관 실습생 ○○○라고 합니다.").
③ 용건을 가급적 분명하게 전달한다.
④ 담당자가 부재할 경우 전화를 받은 이에게 나의 이름과 연락처를 남기고 전달해 달라고 부탁한다.

이 전화예절을 기억하면서 동료실습생과 전화 받기와 걸기 연습을 해 보도록 한다. 즉, 한 사람은 발신인, 다른 한 사람은 수취인 역할을 번갈아 수행하되 서로 전화예절을 잘 지켰는지, 개선점은 무엇인지에 대하여 피드백을 제공하는 것도 도움이 된다.

상황 1) 내가 기관에서 실습을 하고 있는데, 타대학 사회복지학과 학생이 그 기관에서 실습하는 것에 관심이 있어서 전화를 걸어 왔다. 한 사람은 이 전화를 걸고 다른 한 사람은 받는 상황을 연습한다.

상황 2) 사례관리팀에서 실습하는 중 전화를 받게 되었는데, 지역사회조직팀의 팀원에게 전화를 연결시켜야 한다. 앞의 '상황 1'과 같은 방식으로 연습한다.

상황 3) 발신인이 찾는 특정 종사자가 부재중이거나 회의 중인 경우를 연습한다.

전화 걸기 연습

상황 1) ○○○○노인복지관에서 매주 실시하는 행복요리교실이 주방조리기구 오작동으로 갑자기 취소되어 참여자들에게 카톡메시지나 문자를 보냄과 동시에 전화로 알려 드려야 한다. 참여자 중 한 분인 송귀임 할머니에게 전화 드려 이를 알려 드리는 상황을 연습해 본다. 필요하면 어떻게 말할 것인지 적어 보는 것도 좋다.

상황 2) 통합사례관리 회의를 진행하기 위해 타 기관 종사자에게 회의 일시를 알리고 참석 여부를 확인해야 하는 상황을 연습해 본다.

4. 실습기관의 슈퍼비전에 대한 정보

기관실습에서 실습생은 기관 실습지도자, 즉 슈퍼바이저의 지도를 받게 된다. 기관실습지도자는 실습생을 감독하고 평가하는 전문가이기 때문에 대체로 현장 경험이나 실습지도 경력이 풍부하다. 기관 실습지도자에게 실습생 지도는 기존 업무 외의 추가 업무이며 실습지도에 대한 별도의 보수나 업무 조정이 없는 경우가 많다. 그럼에도 불구하고 실습지도자는 실습지도가 다음과 같은 측면에서 자신에게 긍정적인 경험이라고 말한다.

① 후배들을 멘토링하면서 사회복지인재 양성에 기여한다(Ketner, Cooper-Bolinskey, & VanCleave, 2017).
② 자신이 지도감독하는 실습생의 열정과 사회복지현장 실무에 대한 호기심이 자신에게 자극이 된다(Bogo et al., 2006; Everett et al., 2011).
③ 실습생 지도가 실습지도자 자신의 관리기술이나 리더십을 키우는 데에도 도움이 된다(Ketner et al., 2017).

성공적인 실습의 핵심 요인 중 하나는 실습생과 기관 수퍼바이저 간의 좋은 관계이다(Bogo, 2015). 따라서 실습생이 기관 슈퍼바이저의 역할을 이해하고 협력적 관계를 맺는 것이 중요하다. 실습기관 슈퍼바이저의 역할은 개별 기관마다 조직의 특성과 분위기, 목적과 사업 등에 따라 다소 차이가 날 수 있다. 일반적인 실습지도자의 역할은 다음과 같이 정리할 수 있다.

① **지도 및 멘토십**: 슈퍼바이저는 실습생에게 지도 및 멘토십을 제공하여 사회복지 실무의 도전과 복잡성을 해결하는 데 지원과 조언을 제공한다.
② **전문성의 개발 지원**: 실습생이 사회복지분야에서 필요한 필수 기술, 지식 및 역량을 개발하는 데 도움을 준다.
③ **모니터링 및 평가**: 슈퍼바이저는 실습생의 진행 상황을 모니터링하고 성과를 평가하여 개선이 필요한 부분을 식별하고 성장을 지원하기 위해 피드백을 제공한다.
④ **감독**: 실습생의 실천, 특히 사례관리 내용을 감독하며 사례계획, 개입 전략 및 윤리적 고려 사항에 대한 지도 및 지원을 제공한다.
⑤ **역할모델링**: 슈퍼바이저는 학생들에게 모범이 되어 클라이언트, 동료 및 다른 전문가와의 상호작용에서 전문성, 윤리적 실천 및 효과적인 소통기술을 시범적으로 보여 줌으로써 실습생에게 역할모델이 된다.
⑥ **협력 및 네트워킹**: 슈퍼바이저는 실습생에게 협력과 네트워킹 기회를 제공하여 다른 전문가, 지역사회 자원 및 실무와 관련된 조직과의 연결을 돕는다.
⑦ **옹호와 지원**: 슈퍼바이저는 실습생의 필요를 옹호하여 학습과 전문성의 개발을 촉진하기 위해 필요한 자원, 지원 서비스를 확보한다.
⑧ **위기 대응**: 실습 중 발생하는 위기나 어려운 상황을 관리하는 데 있어 실습생에게

지원과 지도를 제공하며 문제해결과 의사결정에 도움을 준다.

⑨ 윤리적 및 법적 준수: 슈퍼바이저는 실습생이 실무에서 윤리적 및 법적 기준을 준수하도록 돕고 윤리적 딜레마 등에 대한 지도를 제공한다.

⑩ 문서화 및 보고: 슈퍼바이저는 실습생이 실습활동을 정확하게 문서화하고 기록을 유지하도록 지원하여 기관의 규정과 요구 사항을 준수하도록 지도한다.

전반적으로, 사회복지현장실습 슈퍼바이저는 이론과 실무를 통합하고 비판적 기술을 개발하며 사회복지분야에서 윤리적이고 유능한 전문가가 되도록 사회복지 전공 학생의 학습과 전문성 개발을 지원하는 중요한 역할을 한다.

기관 슈퍼바이저의 역할에 대한 이해를 바탕으로 다음 사항을 유의하며 긍정적이고 협력적인 관계를 맺도록 한다.

① 역할과 기대 명확히 하기: 실습 초기 오리엔테이션 등을 통해 실습생과 슈퍼바이저의 역할을 이해한다.

② 명확한 의사소통 채널 설정하기: 실습생과 슈퍼바이저 사이의 개방적이고 정직한 의사소통이 중요하므로 슈퍼바이저에게 질문하고, 잘 이해가 되지 않거나 불분명한 지점들은 명확화를 요청하도록 소통의 채널을 설정한다. 이를 통해 실습 중에 만날 수 있는 문제나 어려움을 슈퍼바이저에게 표현하는 것이 좋고 정기적인 만남을 갖는 것이 바람직하다.

③ 목표와 목적 설정하기: 슈퍼바이저와 협력하여 실습경험을 위한 명확하고 측정 가능한 학습 목표와 목적을 설정한다. 이러한 목표는 실습생의 교육 및 직업적 포부와 사회복지 프로그램의 요구 사항과 일치해야 한다. 실습 중에 이러한 목표를 정기적으로 검토하고 업데이트하여 진행과 성장을 보장하도록 한다.

④ 피드백과 지도 요청하기: 슈퍼바이저로부터 적극적으로 피드백과 지도를 요청한다. 피드백은 구체적이고 건설적이며 개선할 점과 강점 및 성과에 중점을 두되, 피드백을 듣고 성찰하도록 노력한다.

⑤ 도전과 갈등 다루기: 실습 중 발생할 수 있는 도전이나 갈등을 다루는 방법에 대해 지도를 요청한다. 이러한 상황을 전문적으로 해결할 수 있도록 자문을 구한다.

실습생이 기관 슈퍼바이저의 역할, 실습지도의 목적 등을 제대로 이해하지 못할 때 갈등이나 문제가 발생할 수 있다. 한 연구는 기관 실습지도자들을 면접하여 실습지도자의 관점에서 문제시되는 실습생의 행동이 무엇인지 탐색했는데, 그 결과는 다음과 같다 (Street, 2019).

① 실습지도자가 제공하는 슈퍼비전, 지도, 제안에 대하여 경직되거나 폐쇄적인 태도를 보이는 행동(예: 실습지도자의 슈퍼비전에 대해 방어적이거나 자신의 생각만을 주장)

② 개인 간, 동료, 클라이언트 사이에 어느 정도의 경계선은 있어야 하는데, 이 경계를 마구 넘나드는 행동(예: 자신의 과거사를 클라이언트에게 지나치게 자세히 털어놓음)

③ 사회복지실천의 기본가치에 대한 몰이해적 행동(예: 클라이언트에게 심판적인 태도를 보임)

④ 사회복지현장실습에 열심히 임하지 않는 모습(예: 자격증 취득을 위해 최소한의 출석요건만 갖추고자 하며 새로운 것을 배우거나 현장을 알려고 하지 않음)

5. 실습생의 바람직한 자세와 마음가짐

사회복지실습을 얼마나 만족스럽게 마쳤느냐가 사회복지분야로의 진로선택에 중요한 영향을 미친다는 연구결과도 있듯이 실습생이 현장실습에 대한 기대감을 갖고, 실습의 중요성을 이해하며, 실습을 통해 역량을 성장시키겠다는 자세를 갖는 그 자체는 성공적 실습에 기여할 것이다.

여기서는 실습생으로서 기본적으로 지켜야 할 예절과 윤리에 대해서 살펴본다. 실습생이 지켜야 할 예절과 윤리는 단체나 기관에서 일하는 종사자들에게 일반적으로 기대되는 바, 즉 출근시간을 지키고 상사와 동료에게 인사를 잘하는 것, 근무시간 중 업무와 관련 없는 개인적인 일은 삼가는 것 등과 크게 다르지 않다. 보다 구체적으로 살펴보면 다음과 같다(신민선 외, 2020; 유진희 외, 2020).

기본적 태도

① 정해진 출근시간보다 약간 일찍 출근하여 하루를 준비한다.
② 부득이하게 결근 또는 지각할 경우 미리 상사에게 그 사유를 보고한다.
③ 기관 고유의 규정을 파악하고 준수한다.
④ 근무 중 졸음을 참지 못한다든지 엎드리는 등 태만하다는 인상을 줄 자세는 피한다.
⑤ 근무 중에는 업무와 동떨어진 행동, 개인적 전화나 잡담, 인터넷, 게임 등은 삼간다.
⑥ 문서 정리와 제출은 그때그때 마치고 밀리지 않도록 한다.
⑦ 문서와 서류의 보관은 정보가 유출되지 않도록 기관의 규정을 따르도록 한다.
⑧ 나에게 주어진 공간은 늘 잘 정돈하고 주변을 혼잡스럽게 하지 않도록 주의한다.
⑨ 퇴근 전 인수 · 인계를 해야 할 사항이 있는지, 다음 날의 일정이 어떠한지 확인한다.
⑩ 퇴근시간만 기다리고 있다는 인상을 주지 않도록 주의한다.
⑪ 퇴근할 때는 남아 있는 상사나 동료에게 먼저 퇴근한다는 인사를 잊지 않도록 한다.
⑫ 나보다 먼저 퇴근하는 상사나 동료에게도 인사한다.
⑬ 상사나 동료에 대해 잡담이나 뒷담화를 하고 싶은 마음은 인지상정이지만 실습지 내에서는 화장실이나 엘리베이터 내에서라도 삼가도록 한다.

기관의 물품과 관련하여

① 실습지의 물품을 낭비하거나 손상시키지 않도록 주의한다.
② 실습지의 물품은 실습지에서만 활용한다. 실수로 갖고 퇴근하지 않도록 주의한다.
③ 다른 종사자의 물건을 빌릴 경우, 반드시 허락을 받은 후 사용하고 되돌려준다.

기관 내 소통과 관련하여

① 슈퍼바이저와 상시 소통한다. 단, 근무시간 내에 소통하고 주말이나 퇴근 후 시간은 긴급한 상황이 아닌 이상 연락을 자제한다.
② 안 좋은 일일지라도 바로 보고하는 것이 좋다.
③ 되도록 분명하게 소통하는 것이 좋다. 육하원칙(누가, 언제, 어디서, 무엇을, 어떻게, 왜)을 기억하며 소통한다.
④ 건의사항이 있을 경우에는 바로 기관장을 찾아갈 것이 아니라 계통을 지켜 실습지도자에게 먼저 이야기하는 것이 좋다.

지금까지 언급된 실습생의 자세와 중복되는 항목들도 있지만 한국사회복지사협회(2017, p. 24, 25)가 제시하는 바람직한 실습생의 자세는 다음과 같다.

① 실습의 목적과 중요성을 충분히 이해하고 실습계약 사항을 이행하기 위하여 최선의 자세로 실습에 임한다.
② 실습은 대학에서 학습된 이론을 구체적으로 적용하는 과정임을 인식하여 이에 최선을 다한다.
③ 기관의 구성원이라는 생각으로 타 구성원과 협력하며 친화적인 태도를 취한다.
④ 기관의 정책을 이해하고 수용하며 실습과정에서 준수하도록 한다.
⑤ 근무시간은 기관의 규정에 준하며 직원과 동일한 자세로 근무시간에 임하도록 한다.
⑥ 실습 시작 최소 10분 전에 출근하여 출근을 확인하며, 업무에 관계된 사항을 사전에 준비하도록 한다.
⑦ 결근, 조퇴, 지각 등 근태와 관련된 사항은 반드시 실습지도자에게 사전에 보고하여 허락을 받도록 한다.
⑧ 실습지도자의 지시뿐 아니라 타 직원의 지도를 잘 이행하여 실습효과를 최대화하도록 한다.
⑨ 직무에 강한 책임감과 열의를 갖고 적극적으로 임하며 타인에게 책임을 전가하거나 태만하게 행동하지 않는다.
⑩ 실습으로 인해 알게 된 클라이언트의 사적인 정보를 교육적 목적(대학실습지도 등) 이외에는 절대 발설하지 않으며, 교육적 목적이라 하더라도 가명을 사용하여 개인의 비밀이 침해되지 않도록 한다. 실습 종료 후, 실습 관련 내용을 학회지 등에 게재하고자 할 때는 반드시 실습지도자와 상의하여 허락을 받아야 한다.
⑪ 실습지도자의 지도 혹은 타 실습생의 실습을 견학, 관찰할 경우 배우는 자세로 진지한 태도를 취한다.
⑫ 기관의 직원, 클라이언트 등에 대해 예의를 지킨다.
⑬ 복장, 소지품은 실습기관의 특성과 상황에 맞게 취하되 가능한 한 화려한 것을 피하고 검소하며 단정한 것으로 착용하도록 한다.
⑭ 안전사고에 만전을 기하도록 하며 안전사고와 관련된 규정을 사전에 숙지하여 그에 준해 처리하도록 한다.

⑮ 실습일지를 비롯한 각종 실습기록은 사실에 근거하여 정확하고 구체적으로 정리하여 실습 시 실습지도자와 실습지도교수에게 슈퍼비전을 받는다.
⑯ 과제에 관하여 연구하고 그 결과물에 대해 실습지도자의 슈퍼비전을 받는다.
⑰ 실습과정 중 어떤 경우라도 사례금 등의 금품을 절대 주거나 받지 않는다.
⑱ 과제물은 정해진 기일에 제출하고 출근 전에 작성을 마친다.
⑲ 기관의 명칭을 사적으로 활용하지 않으며 실습생의 신분을 지킨다.
⑳ 기관을 대표한다는 자세로 기관의 직원들과 동일한 업무 태도와 자세를 취한다.

실습생으로서의 마음가짐과 자세 그리고 앞서 언급한 기본적인 전화예절을 기억하면서 다음의 가상 상황에 어떻게 대처할 것인지 조별로 의논하고 발표한다.

상황 1) 대중교통을 이용하여 실습지에 출퇴근하는데, 하필 접촉사고가 나서 지각을 할 수밖에 없는 상황이다. 기관의 실습지도자에게 전화했는데 연결되지 않으면 어떻게 할 것인가?

상황 2) 다른 직원이 결근하게 되어 내가 나의 업무 외에 추가 업무를 맡게 되었다. 규정된 시간보다 네 시간이 초과된 상황에서 어떻게 할까?

상황 3) 기관이 실습지도계획서와 다르게 직접 서비스보다는 교육만 실시하거나 부족한 일손을 메우기 위한 보조인력 수준의 업무수행만 진행된다면?

상황 4) 실습지도자가 업무 과다나 실습에 대한 관심 부족 혹은 개인적 사정 등으로 실습생에 대한 슈퍼비전이 제대로 진행되지 않는다면?

상황 5) 운전이 아직 익숙하지 않은 나에게 혼자 기관의 차량을 운전하여 가정방문을 다녀오라는 일이 주어진다면?

상황 6) 당사자가 몸과 마음이 너무나 힘든 상황이고 상실도 참 크다. 이 당사자의 이야기를 듣고 있으면 내가 간접적으로 트라우마에 노출되는 것 같고 이 사람의 경험이 너무나 생생하게 느껴지면서 나도 마음이 몹시 힘들다. 어떻게 할까?

상황 7) 접수상담에서 클라이언트에게 꼭 물어야 하는 질문인데 묻지 않았고 받아야 할 서명도 받지 않았다. 어떻게 처리할까?

상황 8) 클라이언트로부터 기관에 온 전화를 받았는데, 담당자가 현재 부재하다. 클라이언트가 매우 격앙된 어조로 도대체 몇 번을 전화해야 통화할 수 있는지, 연락을 부탁하는 메모도 남겼는데 그것이 담당자에게 제대로 전달된 것인지, 왜 담당자로부터 아무런 연락이 없는지 질문공세를 해 온다. 어떻게 응대할까?

상황 9) 실습기관에서 주거환경 개선사업에 참여하면서 이용자 가정에 가정방문을 갔는데 주거 위생상태가 심각하게 나빠 당황스럽다. 어떻게 할까?

제4장

실습생의 자기돌봄과 스트레스 관리

- 사회복지사는 당사자와 함께하며 지원하는 일에 자기 자신을 도구로 활용한다. 따라서 자신이라는 도구를 잘 돌보는 일이 중요하다.
- 실습생은 사회복지현장 실습생이 느끼는 스트레스 외에도 이 시대의 청년이 겪는 스트레스와 사회복지사가 경험하는 어려움에 동시에 노출될 수 있다.
- 따라서 이 장에서는 실습생의 자기돌봄과 스트레스 관리에 대해 다룬다.

1. 실습생의 자기돌봄
2. 실습생의 스트레스 관리

1. 실습생의 자기돌봄

셰프가 멋진 요리를 해내기 위해 가장 많이 활용하는 도구는 칼이고 화가가 작품을 만들어 내기 위해 붓을 활용하는 것처럼 사회복지사도 당사자를 돕기 위해 도구를 활용하는데, 그 도구는 바로 자기 자신이다. 셰프는 칼을 애지중지하면서 칼날을 갈고 화가도 붓을 잘 관리하기 위해 정성을 들이는 것처럼 사회복지사도 당사자를 잘 돕기 위해 자기 자신을 돌봐야 할 필요가 있다. 세계보건기구(WHO, 1998, p. 2)에서는 "사람들이 건강을 증진하고 유지하며 질병을 예방하고 다루려고 자신을 위해 하는 어떤 일"을 자기돌봄(self-care)이라고 정의했는데, 이러한 자기돌봄은 사회복지사가 현장에 나가기 전에 갖추어야 할 역량 중 하나이다.

사회복지실천의 기본 전제 중 하나인 인간의 전인성을 고려할 때 삶의 영역은 분절되어 있는 것이 아니라 서로 매우 밀접하게 연결되어 있지만 편의상 개념적으로 나누고 각 영역별로 돌봄계획을 세워 본다. 삶의 영역은 사람마다 다르게 정리할 수 있겠지만 여기서는 물리적 · 신체적 영역, 정서적 · 심리적 영역, 사회적 영역, 지적 영역, 전문적 영역 그리고 기타 영역으로 나누었다.

1) 물리적 · 신체적 영역

물리적 · 신체적 영역은 개인의 전체적인 웰빙에 있어서 매우 핵심적이다. 미국 대학생들의 정신건강을 연도별로 조사한 결과, 신체노동, 스포츠, 야외활동이 현저히 줄어든 디지털 세대에게서 최근 불안증과 우울증이 급격히 증가했다(Armitage, Collishaw, & Sellers, 2024)는 관찰이 있는 만큼([그림 4-1] 참조), 의식적으로 영상과 일정한 거리를 둘 필요가 있다. 그러면서 운동과 야외활동을 의식적으로 증가시킬 것을 권장한다. 다음 항목들에 대해 생각해 보고 질문에 답하면서 신체의 건강을 도모해 보도록 한다.

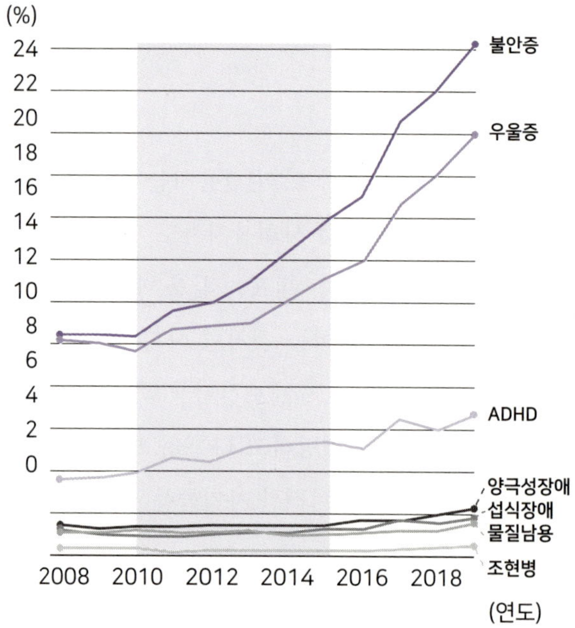

그림 4-1 미국 대학생의 정신질환 비율

출처: Rausch & Haidt (2024. 3. 2.). https://www.anxiousgeneration.com/research/the-evidence

① **정기적으로 운동하기**: 정기적인 운동은 스트레스를 감소시키고 기분을 좋게 한다 (Anderson & Brice, 2011; Biddle & Ekkekakis, 2005; Dishman & O'Connor, 2009).

- 자신이 즐기고 있는 운동은 무엇인가?

- 배워 보고 싶은 운동이 있다면?

- 나의 일상에서 운동량을 늘릴 수 있는 작은 실천은 무엇인가?

② **충분히 수면하기**: 충분한 수면은 신체의 건강뿐 아니라 정신의 건강을 위해서도 꼭 필요하다. 규칙적으로 잠자리에 들고 기상하는 습관을 갖되, 일정 시간 이후에는 전자기기를 모두 끄고 조명을 어둡게 하는 것이 좋다.

- 나의 평균수면시간은?(참고: 권장수면시간은 7~9시간)

- 얼마나 규칙적으로 잠자리에 들고 기상하는가?

- 취침 전 전자기기를 사용한다면 주로 몇 시까지 사용하는가?

- 수면시간을 늘려야 한다면 그 실천을 위한 전략을 적어 본다.

③ **건강식 섭취하기**: 편식과 과식을 피하고 균형 잡힌 식단으로 영양소를 골고루 섭취하는 것이 좋다. [그림 4-2]를 참고하면서 나의 식생활을 평가하고 어떻게 개선하면 좋을지 생각해 본다.

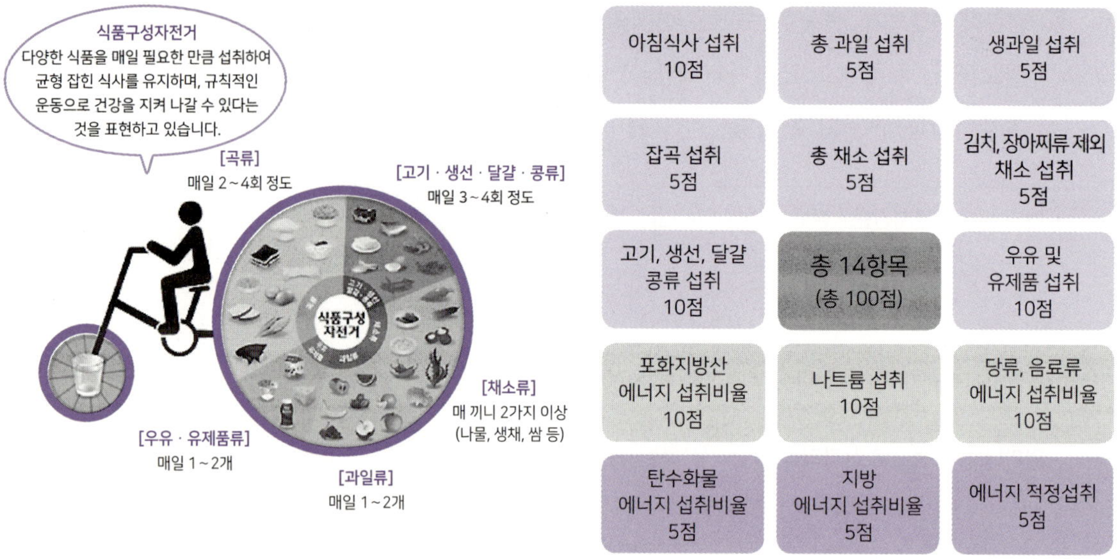

그림 4-2 식품구성자전거, 식생활평가지수의 구성

출처: 정은경(2020).

④ **영상 앞에 있는 시간을 쪼개어 휴식하기**: 영상 앞에서 너무 오랜 시간을 보내면 눈노 피로를 느끼고 두통을 유발하기도 한다. 자주 영상에서 눈을 떼어 창밖의 나무를 바라본다든지 잠시 일어나서 스트레칭을 할 수도 있다.

- 나는 하루 평균 몇 시간을 영상 앞에서 보내는가?

- 영상 앞에서 시간을 보내는 동안 얼마나 자주 휴식을 취하는가?

- 영상 앞에서 시간을 보내는 동안 얼마나 자주 스트레칭을 하는가?

⑤ **좋은 자세 취하기**: 장시간 앉아 있는 경우가 많으면 허리와 목에 무리가 가고 두통, 피로, 수면장애를 유발하기도 하여 좋은 자세를 취하는 것이 중요하다. 의자에 앉을 때는 등받이에 기대고 허리를 펴는 것이 좋고 한 시간마다 자세를 바꿔 주거나 자주 가볍게 스트레칭하는 것도 도움이 되는 전략이다. 모니터는 고개를 숙여서 보는 것보다는 가능한 한 정면으로 바라보도록 하고 나의 눈과 50cm 이상 간격을 둔다. 의자 높이는 앉았을 때 허벅지가 바닥과 수평을 이루고 두 발이 바닥에 닿는 정도가 좋다. 책상 높이는 책상 앞에 앉았을 때 나의 팔꿈치보다 5cm 정도 높은 것이 좋다. 다리를 꼬고 앉으면 허리에 무리를 주기 때문에 피하도록 한다(대한민국 정책브리핑, 2018. 3. 6.).

2) 심리적 · 정서적 영역

심리적 · 정서적 영역은 마음과 감정을 잘 다루는 역량과 관련되어 있다. 후기 청소년기 또는 떠오르는 성인기(Arnett, 2007)의 젊은 성인은 학업이나 인간관계에서 스트레스를 자주 느낄 수 있으니 의식적으로 자신의 마음을 챙기는 것이 바람직하다.

① **일기와 같은 성찰의 글쓰기**: 하루에 몇 분 정도만 시간을 내어 일기를 써 본다. 나의 생각과 감정을 알아차리면서 명명하고 기록하는 것만으로도 그 감정의 정체를 파악하고 효율적으로 다루는 데 도움이 되기 때문이다.

② **명상하기**: 명상 앱이나 온라인 명상 사이트를 찾아 활용해 볼 수도 있다.

③ **지지체계 만들기**: 친구, 가족, 멘토, 상담사 등 나를 지지해 줄 수 있는 사람을 찾고 필요시 도움을 구한다.

④ **취미생활하기**: 즐거우면서 휴식을 취할 수 있는 취미활동을 한다. 시간이 날 때 취미생활을 하겠다는 소극적 태도보다는 마음먹고 시간을 내서 의식적으로 휴식과 취미를 즐기는 것이 좋다.

3) 사회적 영역

사회적 영역은 내가 속해 있는 가족, 단체, 조직, 지역사회 구성원들과 관계를 만들어

가고 유지하는 역량과 관련된 영역이다.

① **지지체계 형성**: 지지체계 형성은 나의 심리적 돌봄을 위해서도 필요하지만 사회적 돌봄을 위해서도 마찬가지로 필수적인 요소이다. 나에게 지지적인 가족, 친구, 이웃 등과 관계망을 만들어 나간다.

② **의사소통**: 자신의 의견과 마음을 적절히 표현하며 타인의 목소리도 경청한다.

③ **다양한 사회적 활동에 참여하기**: 학생회, 전공동아리, 자원봉사, 동호회, 취미생활을 위한 교습, 동창회, 동기모임, 종교단체, 팬클럽 등을 통해 교내외에서 사람들을 만나고 함께한다.

④ **경계선 설정**: 사회적 영역에서 지나친 간섭, 회유, 침입이 일어나는 경우가 있는데, 이에 대해 스스로 적절한 경계를 긋는 것이 필요할 때가 있다. 즉, 때로는 아무리 친해도 그 사람에게 "아니요"라고 말할 수 있는 것이 좋다.

4) 전문적 영역

이 영역은 사회복지학을 공부하는 사람으로서 학업과 전문성 강화를 위한 활동 영역이다.

① **현실적 목표 세우기**: 앞으로의 진로를 결정하고 그 분야에 대한 이해를 넓히며 자신을 준비시키기 위한 관련분야 독서, 영상 시청, 기관방문 등 현실적이고 구체적인 목표를 세워 본다.

② **선배, 교수, 슈퍼바이저 등 멘토 찾기**: 내 관심분야 현장에서 일하고 있는 선배나 전공교수, 기관의 슈퍼바이저 등 나의 멘토가 되어 줄 만한 사람을 찾아 만남을 갖는다. 선배나 기관 종사자들은 바쁜 와중이지만 후배를 돕고 조언하는 일에 마음이 열려 있는 경우가 많으니 적극적으로 찾아 나서서 만나고 대화하는 것이 좋다.

③ **같은 관심 영역을 가진 사람들과 연대하기**: 내가 관심을 갖고 있는 분야, 사회문제, 인구집단을 위한 모임이나 단체, 협회 등을 찾아 가입하여 활동하는 것도 고려할 만하다.

이제 앞장에서 작성했던 실습목표를 자기돌봄의 각 영역별로 구체적으로 다져 본다. 〈표 4-1〉을 참고해서 빈 양식에 실습생으로서 자기돌봄 계획을 영역별로 2, 3개씩 SMART하게 적어 보도록 한다(Grise-Owens et al., 2018).

표 4-1 실습생의 자기돌봄 계획 예시

영역	SAMRT한 목표	목표달성 계획	측정도구
물리적 · 신체적 영역	실습기간 동안 15분을 쉬지 않고 뛸 수 있을 만큼 체력을 보강하겠다.	실습 시작 일주일 전부터 하루에 10분씩 가벼운 달리기를 하고 실습기간 동안 매주 1, 2분씩 달리기 시간을 늘린다.	계획대로 달리기를 한 날의 수, 마지막 주에 15분 쉬지 않고 뛸 수 있는지 여부
심리적 · 정서적 영역	현재 스트레스 지수가 높은 편인데 실습기간 동안 관리하여 스트레스 지수를 3점 이상 낮추겠다.	• 하루 한 번 이상 눈을 감고 심호흡 다섯 번 하기 • 일주일에 한 번 숲길을 걸으며 심호흡하기	스트레스 척도
사회적 영역	실습기간 동안 실습지에서 알게 된 사람들 적어도 2명과 친구 내지는 급할 때 도움을 주고받을 수 있는 지인이 되겠다.	일주일에 한 번 이상 새로 알게 된 사람들 중 적어도 1명 이상과 카페에서 담소하거나 함께 식사한다. 서로 인스타그램 팔로워가 된다.	인스타그램 팔로워 숫자, 실습지에서 만난 새로운 사람과의 식사 횟수
전문적 영역	실습기간 동안 나의 실습분야에 대한 지식을 늘린다.	이 분야 관련 블로거의 글 또는 유튜버의 영상을 일주일에 한 편씩 읽거나 시청하고 새로 배운 바를 간단히 적는다.	읽은 글 수, 읽고 난 후 배운 바를 적은 글의 수, 블로거 또는 유튜버에게 남긴 댓글의 남긴 수, 시청한 강의의 수
기타(영적 영역)	실습기간 동안 나와 내가 믿는 영적 존재와의 관계의 끈을 튼튼히 한다.	매일 아침 기상 즉시 5분 동안 관련 글을 읽고 고요히 기도하는 시간을 가진다.	매일 아침 기상 즉시 5분 관련 글을 읽고 기도한 날의 수

'기타'에는 개인에 따라 다른 영역을 추가할 수 있다.

영역	SAMRT한 목표	목표달성 계획	측정도구
물리적 · 신체적 영역			
심리적 · 정서적 영역			
사회적 영역			
전문적 영역			
기타			

2. 실습생의 스트레스 관리

인간은 살아가면서 정도의 차이는 있겠지만 누구나 가정, 일터, 각종 사회적 공간 등 다양한 삶의 현장에서 스트레스를 경험한다. 모든 일터가 그렇겠지만 사회복지실천현장도 스트레스를 자아내는 상황이 빈번히 발생하고, 이런 상황 속에서 사회복지사들이나 사회복지 실습생들도 스트레스를 경험한다. 클라이언트와 공감하다 보면 자신이 소진되거나 클라이언트의 트라우마에 간접적으로 노출되면서 스트레스를 겪기도 한다. 실습생 자신이 개인적으로 겪는 스트레스가 클 수도 있고, 어떤 이는 자신의 과거 트라우마가 상기되기도 한다. 따라서 실습생이 자기돌봄의 전략과 기술에 대해 배우고 이를 체화하여 실습현장과 장래 실천의 현장에서 자기돌봄기술을 발휘하는 것이 바람직하다. 성숙한 사회복지사로 나아가는 훈련의 과정은 지식과 기술의 습득뿐 아니라, 반복적인 성찰을 통한 자기 성장의 과정이고 나의 아픈 과거나 상처를 직면하고 건강하게 극복하는 과정이기도 하다. 그 과정이 힘들 수도 있지만 이를 겪어 내면 이후 어려운 상황을 탄력적으로 대응할 힘이 생기고 쉽게 소진되지 않으며 당사자들도 잘 지원할 수 있을 것이다. 또한 실습과정에서 겪는 어려움과 스트레스마저 배움의 자양분으로 삼겠다는 태도가 필요하다.

1) 스트레스와 스트레스원

다음의 예시를 참고하여 나에게 스트레스는 어떤 의미인지 나의 말이나 그림으로 표현해 보도록 한다.

나에게 스트레스란 ______________________________ (이)다.

예1 "샤워 후 머리카락이 잔뜩 끼어 있는 하수구가 생각났습니다. 서로 뒤엉켜서 하수구를 막아 물이 나가지 않으니 답답해요. 스트레스를 받으면 하고자 하는 일이 뜻대로 되지 않는 경우도 많고 정서적으로 불안정해요. 이렇게 엉켜 있는 모습이 스트레스로 인한 마음의 상태인 것 같아요. 엉켜지면 푸는 데 시간이 많이 걸리는데……."(참여자 E) (정지나, 2018)

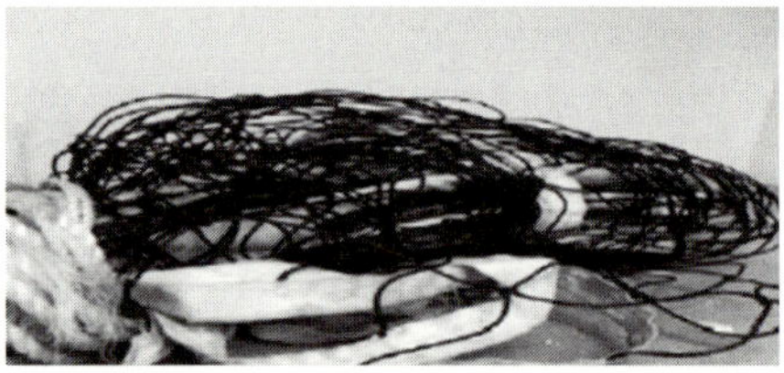

예2 "스트레스라는 단어를 떠올리면 끝이 없는 통로가 생각이 나요. 스트레스를 받으며 숙제를 마치면 또 다른 숙제가, 또 다른 걱정거리가 연달아 있으면서 아무리 가도 가도 입구가 나오지 않아요. 마치 정답이 없고 끝이 없는 암울한 동굴 속에 갇혀 있는 느낌이 들어요."(참여자 B) (정지나, 2018)

사전적으로 스트레스는 물건에 물리적으로 가해지는 압력을 뜻한다. 이 스트레스는 우리 삶의 각종 스트레스원(stressor), 즉 스트레스 유발 요인에 노출되었을 때 느끼게 된다. 미시체계 요인으로는 개인의 예민한 기질이나 질병, 가족구성원 사이의 갈등, 친구나 직장에서의 갈등이나 문제 등 나와 나의 가족, 나와 근접한 사람들과의 상호작용 안에 존재하는 스트레스 유발 요인들이 포함된다. 중시체계의 요인으로는 지역의 환경, 범죄와 같은 지역사회 내 요인을 그리고 거시체계 요인으로는 국가나 세계의 경제적 상

그림 4-3 거시, 중시, 미시 체계

황, 전쟁이나 지역 갈등 등의 지정학적 상황, 자연재해, 팬데믹 등의 자연환경적 상황, 국내 정치적 상황 등을 들 수 있다. 여기서는 나 개인이 어떤 것들로 스트레스를 받는지, 사회복지 실습생이 경험하는 스트레스나 문제들은 어떤 것들이 있는지, 그 스트레스에 어떻게 대처하는지 등에 대해 알아본다.

내가 느끼는 스트레스는 내가 노출된 스트레스원에 대한 나의 반응이라고 할 수 있다. 사람들은 다양한 스트레스원에 대한 노출로 스트레스를 느끼는데, 〈표 4-2〉는 일반적인 스트레스원들이다. 내가 현재 노출되어 있는 스트레스원은 무엇이 있는지 점검해 본다.

표 4-2 스트레스원

재정적 스트레스원
- ☐ 늘어나는 빚
- ☐ 상승 없이 고정된 임금
- ☐ 학자금 부담
- ☐ 물가상승
- ☐ 기타 ______________
- ☐ 기타 ______________

일상의 스트레스원
- ☐ 집안일
- ☐ 교통체증
- ☐ 늦잠
- ☐ 긴 대기자 줄에서 대기
- ☐ 주문한 물건의 배송에 문제가 생김
- ☐ 발표, 과제, 시험
- ☐ 기타 ______________
- ☐ 기타 ______________

환경적 스트레스원
- ☐ 범죄
- ☐ 소음
- ☐ 대기오염
- ☐ 인구과밀
- ☐ 긴 대기자 줄에서 대기
- ☐ 주문한 물건의 배송에 문제가 생김
- ☐ 발표, 과제, 시험
- ☐ 나쁜 날씨
- ☐ 기타 ______________
- ☐ 기타 ______________

가족 관련 스트레스원
- ☐ 가족과의 말다툼
- ☐ 가족 사이의 의사소통 문제
- ☐ 이혼이나 별거
- ☐ 음주, 마약 문제
- ☐ 집중적 돌봄이 필요한 식구가 생김
- ☐ 질병, 수술
- ☐ 법적 문제
- ☐ 이사
- ☐ 임신, 입양
- ☐ 가족 없이 혼자 살기
- ☐ 기타 ______________
- ☐ 기타 ______________

일터 관련 스트레스원
- ☐ 직장의 구조조정
- ☐ 긴 출퇴근 시간
- ☐ 해고당함
- ☐ 쾌적하지 않은 근무환경
- ☐ 승진 기회 없음
- ☐ 열심히 일해도 인정받지 못함
- ☐ 새로운 업무를 담당하게 됨
- ☐ 새 직장, 승진
- ☐ 직장 내 인간관계 문제
- ☐ 과다한 업무
- ☐ 기타 ______________
- ☐ 기타 ______________

출처: Channing Bete Company, Inc. (2005).

연령대별 인구집단 중에서 20대가 겪는 스트레스의 범주를 살펴보면 대표적으로 학업문제(주영주, 이정원, 조선유, 2012), 진로문제(이상희, 2012), 경제문제(강숙자, 2012), 대인관계문제(이승현, 2010)에서 오는 스트레스를 들 수 있는데, 이는 독립적인 성인으로 나아가기 위해 이루어야 하는 과업에서 오는 부담이라고 할 수 있다. 이러한 스트레스를 반영이라도 하듯 '떠오르는 성인기(emerging adulthood)'라 불리는 18세에서 25세 사이에는 약물사용장애, 우울, 불안, 강박장애가 시작되는 경우가 많다(Burke et al., 1990; Kessler et al., 2005). 또 한국 성인의 스트레스 인지율을 연령대별로 정리한 [그림 4-4]에 나타나듯이 20대와 30대가 다른 연령대에 비해 스트레스 인지율이 높다.

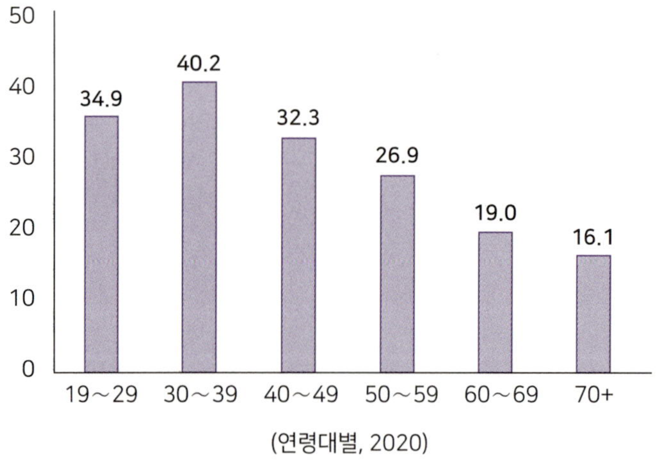

그림 4-4 연령대별 스트레스 인지율: 2020년 국민건강통계

사회복지사가 겪는 스트레스에는 어떤 것들이 있는가? 사회복지사는 당사자의 고통에 자주 노출된다는 점, 업무가 과중할 수 있다는 점, 당사자의 자살 등 위기상황에 놓일 수 있다는 점 등이 스트레스 요인으로 작동한다. 실제 사회복지사와 일반 성인의 스트레스를 비교했을 때 사회복지사들의 스트레스가 통계적으로 유의미한 수준에서 높게 나타났다는 연구결과가 있다(안범현, 양민옥, 2016).

그렇다면 사회복지 실습생이 경험하는 스트레스나 문제에는 어떤 것들이 있을지 다음의 빈칸에 생각하여 적어 보도록 한다.

사회복지학과 학생들에게 설문조사를 실시한 결과, 사회복지현장실습의 적절하지 못한 지도 형태와 수준, 현장이라는 낯선 환경에서 새로운 대인관계를 형성하고 과업 등을 실제로 수행해야 하는 부담, 실습 전 막연한 불안감, 실습 중 기술과 지식 부족, 역할 갈등, 기대와 다른 사회복지실습 경험 등으로 인해 위축과 좌절을 경험, 학교에서 배운 이론을 임상에 적용하는 것의 어려움, 임상의 새로운 환경과 예상치 못한 위기상황, 대인관계, 역할수행, 과중한 업무, 무력감 등 다양한 여러 가지 심리적 갈등과 불안 등이 언급되었다(오영림, 2020).

사회복지실습을 20대에 겪는 스트레스, 사회복지사가 겪는 스트레스, 실습생이 겪는 불안감 등에 한꺼번에 노출되는 경험이라고 본다면 이 시기에 스트레스를 관리하는 것이 매우 중요한 과제가 될 수 있다. 스트레스를 다루지 못하면 자신의 건강은 물론 실습 만족도를 저하시켜 사회복지사의 정체성 및 직업관에도 부정적인 영향을 미친다는 목소리도 있다(정무성, 조해영, 2009). 이런 맥락에서 각자 스트레스를 지각하고 대처하는 나름대로의 대처법을 구비하는 것이 좋다.

2) 스트레스 인지

스트레스에 대처하기 위해서는 내가 스트레스를 경험할 때 그 사실을 인지하는 것이 중요하다. 내가 스트레스를 경험하고 있다는 것을 어떻게 아는가? 개인이 스트레스를 경험할 때 그 개인의 몸과 마음에 어떤 증상 또는 신호가 나타나는데, 그 신호는 개인에 따라 차이가 있다. 내 몸이 주는 신호, 내 몸 안의 변화를 알아차리는 지각을 intero-ception이라고 부르는데 intero-ception이 발달한 사람일수록 작은 변화도 민감하게 감지할 수 있다. 나의 intero-ception은 어느 정도인가? 내가 스트레스를 경험할 때 나의 몸과 마음에 어떤 신호가 오는가? 다음의 빈칸에 적어 보도록 한다.

내가 스트레스를 느끼고 있음을 알려 주는 신호로 다음을 예로 들 수 있다(〈표 4-3〉 참조). 나에게도 해당되는지 점검해 보도록 한다.

표 4-3 일반적 스트레스 증상

물리적 증상	정서적 증상	행동적 증상
☐ 알레르기	☐ 분노	☐ 음주, 흡연 등이 증가
☐ 입맛의 변화	☐ 불안	☐ 외모에 신경을 덜 쓰기
☐ 허리통증	☐ 문제를 부인함	☐ 친구나 중요한 지인, 애인과 말다툼하기
☐ 혈압상승	☐ 우울	☐ 과업이나 책임을 피함
☐ 숨가쁨	☐ 결정을 내리기 어려워함	☐ 집중하기 어려움
☐ 가슴통증	☐ 외로움	☐ 쉽게 울어 버림
☐ 손에 땀이 남	☐ 긴장함	☐ 직장이나 학교에 지각함
☐ 감기	☐ 무력감	☐ 과식하기 또는 덜 먹기
☐ 변비 또는 설사	☐ 거부당했다고 느낌	☐ 참지 않고 쏘아붙이기
☐ 어지러움	☐ 갇히고 벗어나지 못한다는 느낌	☐ TV 등 영상 시청 증가
☐ 힘없음	☐ 이유 없이 불행하다고 느낌	☐ 가족, 친구에게서 멀어짐
☐ 두통	☐ 쉽게 마음이 상함	☐ 기타 ________
☐ 심장이 두근거림	☐ 자주 걱정함	☐ 기타 ________
☐ 근육긴장	☐ 기타 ________	
☐ 악몽	☐ 기타 ________	
☐ 발진		
☐ 안절부절못함		
☐ 수면문제		
☐ 복통		
☐ 기타 ________		
☐ 기타 ________		

출처: Channing Bete Company (2005).

다음에서 나는 현재 스트레스를 어느 정도 느끼고 있는지 〈표 4-4〉의 도구를 활용하여 측정해 본다.

표 4-4 한국어판 최근 일주일간의 스트레스 지각(Global Assessment of Recent Stress)

지난 일주일간 당신이 받은 스트레스를 일종의 압박감으로 생각하고 그 정도에 따라 등급을 매겨 해당되는 번호에 ✓ 표시를 하십시오. 단, 스트레스는 반드시 나쁜 사건에서만 일어나는 것이 아니고 좋은 일에서도 일어날 수 있다는 점을 유의하십시오.

①은 일상생활을 방해하는 사건이나 문제가 없어 걱정이나 고통이 없는 쾌적한 상태에 있음을 의미하고, ⑩은 몹시 기분이 상한 상태로 간장, 위장장애, 두통 등의 신체적 반응이 나타나거나, 정신적으로 고통스럽고 불안하고 슬픔(비애)을 경험하는 것을 의미합니다.

	문항 내용	없다	거의 없다	드물게 있다	약간 있다	웬만큼 있다	상당히 있다	약간 심하다	웬만큼 심하다	꽤 심하다	극도로 심하다
1	원하든 원치 않든 간에 일, 직업, 학교와 관계된 마음의 압박감의 정도는?	①	②	③	④	⑤	⑥	⑦	⑧	⑨	⑩
2	대인관계(가족 및 중요한 사람들과의 관계)에 있어서의 마음의 압박감의 정도는?	①	②	③	④	⑤	⑥	⑦	⑧	⑨	⑩
3	대인관계의 변화(사망, 출생, 결혼, 이혼 등)로 인한 마음의 압박감의 정도는?	①	②	③	④	⑤	⑥	⑦	⑧	⑨	⑩
4	자신 또는 타인의 병이나 상해에 의한 마음의 압박감의 정도는	①	②	③	④	⑤	⑥	⑦	⑧	⑨	⑩
5	금전적인 문제로 인한 마음의 압박감의 정도는?	①	②	③	④	⑤	⑥	⑦	⑧	⑨	⑩
6	일상이 아닌 범죄, 자연재해, 우발사고, 이사 등으로 인한 마음의 압박감의 정도는?	①	②	③	④	⑤	⑥	⑦	⑧	⑨	⑩
7	일상생활 변화 때문에 또는 변화가 없기 때문에 생기는 마음의 압박감의 정도는?	①	②	③	④	⑤	⑥	⑦	⑧	⑨	⑩
8	지난 일주일 전반적으로 느끼는 마음의 압박감의 정도는?	①	②	③	④	⑤	⑥	⑦	⑧	⑨	⑩

한국판 GARS로 측정한 나의 스트레스 점수 ____________

출처: 최소연 외(2018), p. 103.

3) 스트레스 관리 및 대처

스트레스는 다양한 관리전략 내지는 대처방법이 있는데, 여기서는 대표적 자기돌봄 내지는 스트레스 관리방법을 살펴본다. 스트레스 관리는 크게 스트레스를 야기시키는 문제중심대처/문제해결전략, 스트레스를 느끼는 나의 정서중심대처/정서완화중심, 사회적 지지체계를 활용하여 대처하는 사회적 지지추구전략, 스트레스원을 피하는 회피전략으로 나눌 수 있다. 다음의 컬러링은 어떤 전략에 해당하는지 생각해 본다.

예 "저는 스트레스를 받으면 컬러링북을 해요. 하고 있는 동안에는 마음이 안정되고 스트레스를 떠올리지 않게 되며 일에 집중하게 돼요. 마음이 안정이 되고 잠시 속박에서 벗어나는 기분이 들어 자주 컬러링북을 하게 돼요. 친한 친구한테도 스트레스 받을 때 컬러링북을 해 보라고 권유했어요."(참여자D) (정지나, 2018).

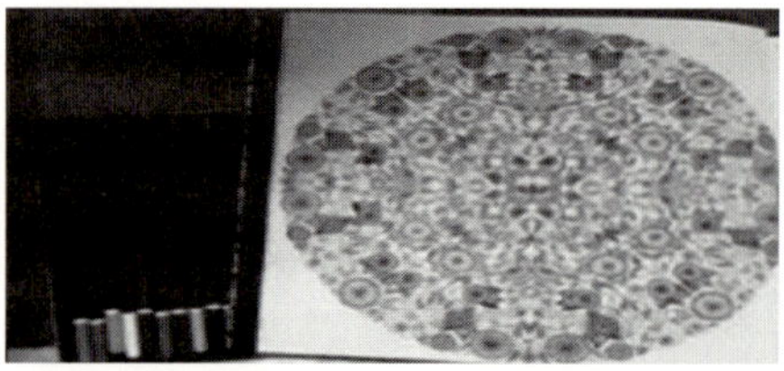

앞의 네 가지 전략별로 그에 해당하는 예를 들어 보고 나는 어떤 전략을 주로 활용하는지 파악해 본다. 나름대로 다양한 전략을 활용할 수 있는데, 여기서는 자기돌봄과 스트레스 관리방법 중 하나로 그 효과성을 인정받고 있는 마음챙김(mindfulness)(예: Pinto, Tavares, & Pozza, 2024)을 바탕으로 한 자기돌봄기술 중 하나인 심호흡을 소개한다. 마음챙김은 불교의 명상에서 그 근원을 찾을 수 있고 매우 광범위한 활동을 포괄한다. 1990년대부터 전 세계적으로 인기가 많아졌고 효과성에 대해 주목을 받기 시작하였다. 마음챙김은 '지금, 이 순간'의 경험을 비심판적 태도로 인지하는 것이 핵심이다. 이때 '경험'이란 감정, 생각, 몸이 느끼는 변화, 오감의 감지, 상황, 타인, 세상, 추상적 상태(예: 웰빙감) 등을 포함한다. 이를 잘 인지하는 것이 반응적 선택(reactive choices)이 아니라 책임 있는 선택(responsive choices)을 가능하게 한다. 잘 인지하는 것에 대한 훈련이 되지 않은 마음은 나도 모르는 사이에 감정과 충동의 희생양이 되기 쉽다. 다양한 마음챙김 활동을 통해 마음을 알아차리고 비심판적으로 받아들이면서 책임 있는 선택하기를 장기간 훈련했을 때의 각종 긍정적인 효과를 증명하는 연구는 무척 많다. 일례로, 마음챙김활동을 꾸

준히 한 사람의 뇌를 촬영하면 뇌의 곳곳에서 구조적인 변화가 일어났음을 보여 주는 연구결과도 있다(Marchand, 2014). 또 마음챙김을 기반으로 한 치료를 통해 정확한 원인이 밝혀지지 않고 긴장, 불안 등 심리적 요인이 그 원인으로 추정되는 과민성대장증후군이 개선되었다는 보고도 있다(Pourkazem, Ghazanfari, & Ahmadi, 2023).

마음챙김의 기본은 정돈된 심호흡이다. 이 글을 읽는 지금, 나의 호흡을 잠시 의식적으로 알아차려 보면 대체로 얕고 짧은 호흡임을 발견할 것이다. 마음을 모아 들이마시고 내쉬는 깊고 긴 호흡은 부교감신경을 작동시켜 확장되었던 동공을 축소시키고, 말랐던 입에 침이 돌게 하며, 빨라진 심박동을 진정시키고, 위액을 분비시키는 등 우리 몸과 마음을 안정시키는 데 기여한다(Sapolsky, 2004).

우리의 스트레스는 어디에 쌓일까? 사람이 경험하는 트라우마는 어디에 저장될까? 사람의 마음, 정신, 뇌에 스트레스, 트라우마 등이 저장된다고 생각하기 쉽고 이와 같은 상식이 어느 정도 일리가 있으나, 흥미로운 것은 인간의 신체에도 저장된다는 것이다. 오히려 머릿속에서는 지워 버렸을지 모르지만 그와는 별개로 신체가 기억하고 있는 경우가 많고, 그렇기 때문에 스트레스와 트라우마를 다루고자 할 때 춤, 각종 몸동작, 심호흡과 같이 몸의 움직임을 활성화시키는 접근이 효과적이라고 알려져 있다(Dieterich-Hartwell, 2017; Hopwood & Schutte, 2017; Levine & Land, 2016; Van der Kolk, 1994).

심호흡 기법도 여러 가지가 있으나 가장 기본적인 방법은 다음과 같다. 첫째, 편한 자세로 앉고 등과 허리는 가급적 편다. 둘째, 하나, 둘, 셋, 넷까지 천천히 세는 동안 코로 숨을 들이마신다. 이때 들이마신 숨이 배 속까지 들어간다는 기분으로 복부를 팽창시킨다. 셋째, 들이마신 숨을 내뱉지 말고 1초 정도 잠시 멈춘다. 넷째, 일곱까지 천천히 세는 동안 숨을 내쉰다. 이때 팽창되었던 복부를 수축시킨다. 이 과정을 반복하여 15분 정도 실행한다. 15분이 매우 길게 느껴질 수 있으니 처음에는 2~3분이라도 시도해 본다. 심호흡은 시간이나 장소에 구애받지 않고 쉽게 할 수 있으니 실습기관에서, 출퇴근을 위해 대중교통을 이용하면서, 퇴근 후 나의 보금자리에서 수시로 실행하면 된다.

또 하나의 대표적인 마음챙김기반 스트레스 관리 기법으로는 점진적 이완법을 들 수 있다. 신체 부위를 의도적으로 힘을 주어 경직시켰다가 이완시키는 방식으로 이 역시 코르티솔 수치 감소, 불안 감소, 고혈압의 완화, 심박동수 감소, 두통 완화, 심장 재활 개선, 심장 수술 후 회복 시 삶의 질 개선 등의 효과가 있는 것으로 알려졌다(Varvogli & Darviri, 2011).

제5장

사회복지실천 가치와 윤리

- 사회복지실천 가치와 윤리는 사회복지현장에서 발생하는 윤리적 문제에 개입할 때, 주요한 원칙이자 지침이 된다. 사회복지사는 사회복지실천 가치와 윤리원칙을 잘 인식하고 이를 윤리적 문제에 적절하게 적용할 수 있어야 한다. 사회복지현장실습을 통해서 실습생은 윤리적 문제를 직간접적으로 경험하거나, 자신의 가치와 윤리를 성찰하는 자기인식의 기회를 가질 수 있다.
- 이 장에서는 사회복지실천 가치와 실천윤리의 개념 및 중요성, 한국 사회복지사 윤리강령의 내용, 실습과정에서 경험할 수 있는 윤리적 문제와 대처방안에 대해 살펴본다.

1. 사회복지실천 가치

2. 사회복지실천 윤리

3. 한국 사회복지사 윤리강령

4. 사회복지현장실습에서 경험하는 문제와 대처방안

1. 사회복지실천 가치

1) 가치의 개념과 중요성

가치(value)는 인간의 선호 또는 선택에 대한 기준이 되는 것으로, 믿음 또는 신념과 같은 것이다. 또한 어떤 행동이 좋고 나쁘며, 무엇이 바람직하고 바람직하지 못한가를 선택하는 기준이다. 가치는 개인이나 집단 구성원들이 특정한 행동을 지향하고 선택하는 것에 영향을 미친다(오혜경, 2004).

예를 들어, 돈에 최우선의 가치를 두는 사람은 경제적 성취를 위해서 사랑이나 우정을 나누는 정서적 관계는 외면하는 행동을 선택할 수 있다. 또는 과업 성공을 중요한 가치로 두는 집단이나 조직의 구성원들은, 실패가 예상되는 도전은 아예 포기하는 선택을 할 수도 있다. 이처럼 가치는 개인이나 집단 구성원들의 일상 행동과 삶의 방향을 결정하기에 궁극적으로는 삶의 전반에 지속적 영향력을 미치게 된다.

인생을 살아가면서 어떤 일을 선택하고 결정하는 데 있어서 스스로 중요하게 생각하는 가치가 무엇인지를 생각해 보고, 이에 대한 경험을 함께 나눠 봅시다.

사회복지는 특정 가치를 지향하고, 사회복지실천은 사회복지가 지향하는 특정 가치를 실현하는 활동이다. 미국사회복지사 윤리강령 서문은 "사회복지 전문직의 임무는 일련의 핵심가치에 기반하고 있다."라고 제시하며, 사회복지에서 가치의 중요성과 사회복지 전문직이 가치를 기반으로 한 활동임을 강조하고 있다(NASW, 2024). 이에 따라 골드스타인은 사회복지사를 '가치로 채워진 개인들(value laden individuals)'이라고 정의하고 있다(Goldstein, 1973).

사회복지실천 과정에서 사회복지사의 가치는 사회복지사가 클라이언트를 대하는 태도, 클라이언트의 행동이나 이들의 선택과 결정에 영향을 미칠 수 있다. 취약한 상태에서 윤리적 갈등에 놓여 있는 클라이언트는 전문적 위치에 있는 사회복지사에게 의존하게 될 가능성이 높고, 이러한 상황에서 사회복지사의 영향력은 더 커질 수 있다. 또한 가치관이 빠르게 변화하고 클라이언트의 욕구가 다양하고 복합적으로 나타나는 오늘날의 사회복지실천 환경에서 사회복지사들은 윤리적 딜레마 상황에 더 많이 직면하게 된다. 따라서 사회복지사는 자신의 가치관을 비롯해서 스스로에 대한 탐색과 이해를 위한 자기인식의 시간이 필요하다(박선영, 2008; 엄명용, 노충래, 김용석, 2015). 실습생들에게 있어서 자기이해는 사회복지현장실습 기관의 선택 및 실습경험에 영향을 미치기에 실습을 나가기 전, 자신에 대한 인식을 명확히 하는 일이 필요하다(오혜경, 하지영, 2007).

자기인식(self-awareness)을 위한 질문들
주제 1: 나의 일반적 가치 인식
• 나의 직업 목표(career goal)는 ____________ 다.
• 내가 가장 좋아하지 않는 사람의 유형은 ____________ 이다.
• 나는 ____________ 때, 내 자신이 능력 있다고 느껴진다.
• 나는 정말 ____________ 할 수 있기를 원한다.
• 인생에서 가장 중요한 것은 ____________ 이라고 생각한다.
주제 2: 인간태도와 가치 인식
• 사람들이 다른 사람을 돕는 진짜 이유는 ____________ 라고 생각한다.
• 이제껏 내가 (시간을 내고 에너지를 쓰면서) 기꺼이 돕기를 원한 사람은 ____________ 상황에 놓여 있거나 특성을 가진 사람이다.
• 나는 ____________ 사람에 대해 편견이나 고정관념을 가지고 있다.
주제 3: 감정 인식을 통한 가치 인식
• 나는 ____________ 때, 가장 나 자신에 대해 긍지를 느낀다.
• 나는 상대편이 나에게 어떻게 ____________ 말할 때, 기분이 언짢다.
• 나는 ____________ 때, 자존심에 상처를 받는다.
• 나는 상대가 나에게 어떤 ____________ 말을 할 때, 기분이 좋다.
주제 4: 정체감
• 나는 누구인가? ____________
(이 질문에 대한 답은 즉흥적으로 해야 한다. 의도적으로 생각해 보며 나온 대답이 아닌, 평소에 자신이 가진 생각을 그대로 반영하는 대답이 필요하다.)
주제 5: 강점과 약점
• 강점: 5개 • 약점: 5개
____________ / ____________

출처: 신성자 외(2021).

2) 사회복지실천의 핵심가치

사회복지실천은 특정 가치의 실현을 목적으로 하는 활동으로, 여기서는 우리나라 사회복지사 윤리강령과 미국 사회복지사 윤리강령에서 공통으로 제시하고 있는 핵심가치인 인간의 존엄성과 사회정의의 의미와 중요성에 대해 살펴본다(이순민, 2012; 한국사회복지사협회, 2023).

(1) 인간의 존엄성

인간의 존엄성은 사회복지의 가장 기본적인 가치이다. 이는 인간이 태어나면서부터 지니는 천부적인 성격이며, 인간이라면 모두에게 동등하게 인정되는 인간으로서의 가치를 의미한다. 인간다운 삶을 보장받을 권리이기도 하면서 신분이나 직업, 경제상태나 신체적 조건, 사상, 출신 지역이나 민족, 피부색, 성별, 연령 등을 이유로 차별하거나 차별받거나 인간의 존엄성이 훼손되어서는 안 된다는 것이 이 가치의 핵심이다. 「대한민국 헌법」 제10조는 모든 국민이 인간으로서의 존엄과 가치를 가지고 있고, 이것이 불가침의 기본적 인권이기에, 국가가 이를 보장할 의무가 있음을 천명하고 있다.

모든 인간의 고유한 존엄성과 가치를 인정하고 존중하며, 이를 기반으로 사회복지를 실천하는 것은 사회복지사의 전문가로서의 기본적 윤리에 해당하는 자세이다. 사회복지실천에서 인간의 존엄성 가치를 실현하는 것은 다음의 윤리원칙 및 윤리기준을 준수하는 것을 의미한다(한국사회복지사 윤리강령, 5차 개정 내용).

- 모든 인간의 존엄, 자유, 평등을 위한 헌신과 사회적 약자에 대한 옹호와 대변
- 개인적 · 사회적 · 문화적 · 정치적 · 종교적 다양성에 대한 고려와 개인의 인권 보호와 존중, 즉 클라이언트의 성, 연령, 정신 · 신체적 장애, 경제적 지위, 정치적 신념, 종교, 인종, 국적, 결혼상태, 임신 또는 출산, 가족 형태 또는 가족 상황, 성적 지향, 젠더 정체성, 기타 개인적 선호 · 특징 · 조건 · 지위 등을 이유로 차별하지 않는 것
- 클라이언트의 자율성 존중과 자기결정 지원
- 클라이언트의 역량강화와 자신 및 환경변화를 위한 지원
- 실천과정에서 클라이언트의 개입과 참여에 대한 보장
- 다양한 문화의 강점을 인식하고 존중하며, 문화적 역량을 바탕으로 사회복지를 실천

- 문화적으로 민감한 실천을 위해 개인적 · 사회적 · 문화적 · 정치적 · 종교적 가치, 신념과 편견이 클라이언트와 동료 사회복지사에게 미칠 수 있는 영향을 고려하여 자기인식에 대한 증진

(2) 사회정의

사회정의(social justice)는 사회자원의 배분적 측면에서 사회적 공평이라고 할 수 있으며, 사회적 연대감 및 공동체 의식에 기초하여 사회의 책임성과 참여를 중시하는 가치이다. 개인의 문제가 사회적 자원의 부족이나 사회구조의 문제에서 발생하는 것이기 때문에 사회적 자원이 개인의 경제적 능력에 따라 배분되는 것보다는 필요한 정도에 따라 배분되는 것이 바람직하다고 간주하는 가치이다. 이 가치를 바탕으로 사회복지사는 모든 사람이 기본적인 사회자원을 배분받도록 실천을 행하고, 사회적 불의에 맞서 사회정의가 이루어지도록 노력해야 한다.

사회복지실천에서 사회정의 가치를 실현하기 위해서 사회복지사는 다음의 윤리원칙 및 윤리기준을 준수하는 것이 요구된다(한국사회복지사 윤리강령, 5차 개정 내용).

- 개인적 · 집단적 · 사회적 · 문화적 · 정치적 · 종교적 차별의 예방 및 차별에 대한 도전
- 사회, 경제, 환경, 정치적 자원에 대한 평등한 접근과 공평한 분배를 위한 노력
- 개인, 가족, 집단, 지역사회의 다양성을 존중하는 포용적 지역사회를 만들기 위한 노력
- 부적절하고 억압적이며 불공정한 사회제도와 관행을 변화시키기 위해 다양한 구성원과의 협력
- 포용적이고 책임 있는 사회를 만들어 가기 위한 연대 활동

2. 사회복지실천 윤리

1) 사회복지실천 윤리의 개념

윤리는 가치를 바탕으로 표출된 행동이 옳은지 그릇된 것인지를 판단하는 기준이 된다. 사회복지실천 윤리는 사회복지현장에서 발생하는 윤리적 문제와 관련하여 올바른 행동으로 옮길 수 있도록 판단하는 체계적 준거틀이라고 할 수 있다.

사회복지실천은 사회복지사가 클라이언트에게 개입하는 행위로 원조과정에서 사회복지사의 가치가 의식적 · 무의식적으로 영향을 미치므로 윤리적 문제가 발생할 수 있으며 따라서 사회복지실천은 본질적으로 윤리적 실천이 될 수밖에 없다. 사회복지실천 윤리는 실천현장에 필요한 행동의 원칙과 지침을 제공하여 사회복지사가 윤리적으로 바람직한 실천을 할 수 있도록 돕는다. 또한 윤리적 갈등해결에 실용적인 도구로 기능한다. 사회복지실천 윤리는 '사회복지사 윤리강령'으로 명문화되어, 사회복지 전문직이 사회적 기대에 부응하는 실천을 하도록 안내한다.

2) 사회복지실천의 주요 윤리원칙

(1) 자기결정

자기결정(self-determination)은 클라이언트가 자신의 권리와 욕구를 인식하고 어떠한 외부의 강요 없이 스스로 선택하고 결정할 수 있도록 하는 윤리원칙이다(서강훈, 2014). 사회복지사는 자신의 전문적 지식과 경험, 기술에 근거하여 자신의 생각이나 이념을 클라이언트에게 강요할 수 없고, 클라이언트가 스스로 가장 최선이라고 생각하는 것을 선택할 수 있다는 권리이다.

그런데 자기결정 원칙은 실천과정에서의 실현에 한계가 있을 수 있다. 클라이언트의 나이가 너무 어리거나 지적능력 및 정신연령이 낮아서 스스로 결정할 수 있는 능력이 부족할 때, 클라이언트의 결정이 자신이나 타인 및 사회에 해를 입힐 가능성이 높다고 판단될 때, 사회복지사는 온정주의적 개입을 고려할 수 있고, 따라서 어느 범위까지 클라이언트의 자기결정권을 존중하고 제한해야 할 것인지에 대해서 윤리적 딜레마에 직면하게 된다.

사회복지사는 온정주의적 개입이 쉽게 정당화되지 않도록 사례를 윤리기준에 따라 성실하게 검증하는 노력이 필요하고, 궁극적으로 클라이언트의 자기결정능력을 향상시키고 결정 권리를 누릴 수 있도록 지원하는 것이 중요하다.

Ⅱ-2. 클라이언트의 자기결정권 존중(한국 사회복지사 윤리강령)
① 사회복지사는 사회복지실천 과정에서 클라이언트의 자기결정을 존중하고, 클라이언트를 사회복지실천의 주체로 인식하여 클라이언트가 자기결정권을 최대한 행사할 수 있도록 돕는다. ② 사회복지사는 의사결정이 어려운 클라이언트에 대해서는 클라이언트의 이익과 권리를 보장하기 위한 적절한 조치를 취해야 한다.

(2) 비밀보장

비밀보장 원칙은 사회복지사가 클라이언트의 동의 없이 클라이언트에 대한 정보를 공개 및 누설하지 않는다는 것을 의미한다. 실천과정에서 클라이언트로부터 획득한 정보에 대한 비밀보장은 사회복지사와 클라이언트와의 신뢰관계 형성 및 문제개입에서 가장 기본적이면서 중요한 전제가 되는 사항이다. 그런데 클라이언트가 자신 또는 타인을 해할 위험이 있는 경우, 아동이나 노인학대가 일어났을 경우, 법정으로부터 클라이언트의 정보를 공개하라는 명령을 받는 사례에서는 비밀보장의 원칙이 위협을 받고 사회복지사는 윤리적 갈등을 겪을 수 있다. 또한 슈퍼비전이나 전문가 회의 등에서 전문적인 이유로 공개할 수 있는데 이러한 경우에는 클라이언트 개인의 권리를 최대한 존중하면서 사전에 동의를 받아야 한다.

Ⅱ-3. 클라이언트의 사생활 보호 및 비밀보장(한국 사회복지사 윤리강령)
사회복지사는 클라이언트의 사생활을 존중하고 보호하며, 전문적 관계에서 얻은 클라이언트 관련 정보에 대해 비밀을 유지한다. 그러나 클라이언트 자신과 타인에게 해를 입히거나 범죄행위와 관련된 경우에는 예외로 할 수 있다.

(3) 고지된 동의

고지된 동의(informed consent)는 '사전 동의'라고도 불리는데, 사회복지실천 과정에서 클라이언트가 자신이 받는 서비스의 내용이나 선택에 대한 사실과 정보에 대해 사전에 설명을 듣고 이해한 상태에서 동의해야 한다는 것을 의미한다.

고지된 동의를 실현하기 위해서는, 첫째, 지식적 측면에서 클라이언트가 이해할 수 있는 방식으로 서비스 내용과 관련한 정보(서비스 수혜 및 부작용, 서비스 거부 및 철회, 비밀보장의 한계 등)를 적절한 양으로 제공하는 것이 요구된다. 이를 위해서는 전문적 용어의 사용을 자제하고 클라이언트의 눈높이에 맞는 설명으로 알 권리를 보장하는 것이 필요하다. 둘째, 클라이언트는 제공되는 정보를 이해하고 이를 비교하여 현실적으로 선택하고 스스로 동의할 수 있는 능력이 충분하다는 것을 전제로 한다. 셋째, 동의가 클라이언트의 자발성에 기인해야 한다. 즉, 강제성 없이 자유로운 상태에서 동의가 이루어지는 것을 의미하며, 자유로운 상태란 동의를 거부해도 클라이언트에게 불이익이 없고, 어떠한 설득이나 위협이 없는 상태를 의미한다.

II-4. 정보에 입각한 동의(한국 사회복지사 윤리강령)
사회복지사는 클라이언트의 알 권리를 인정하고 동의를 얻어야 하며, 클라이언트가 받는 서비스의 목적과 내용, 범위, 합리적 대안, 위험, 서비스의 제한, 동의를 거절 또는 철회할 수 있는 클라이언트의 권리 등에 대해 정확하고 충분한 정보를 제공한다.

(4) 전문적 경계

사회복지사와 클라이언트는 전문적 원조관계로서, 관계의 목적과 역할이 분명하고, 목표가 달성되면 관계가 종료되는 시간제한적 관계이기에 적절한 직업적 경계가 유지되어야 한다. 실천과정에서 전문적 관계의 목적과 역할이 불분명하고 경계가 모호해지는 관계상의 윤리적 문제가 발생할 수 있는데, 이를 이중관계라고 한다. 이중관계는 전문적 원조관계 외의 또 다른 관계를 이중적으로 맺는 것으로, 이에는 성적 관계, 대가성 관계, 개인적 관계의 유형이 있다. 성적 관계는 클라이언트와 데이트를 하거나 성적 관계를 가지는 것을 의미한다. 대가성 관계는 사회복지사가 서비스에 대한 공식적 비용 이외의 물질적 대가를 클라이언트로부터 받는 것을 의미한다. 개인적 관계는 클라이언트와의 사적인 만남이나 친구나 친척에게 사회복지 서비스를 제공하는 것이 포함된다. 이중관계는 원조관계의 객관성을 상실하고, 부정확한 사정 및 편파적인 개입의 위험이 있기에 클라이언트에게 불이익을 초래하게 된다.

오늘날 지역사회 중심의 서비스가 강조되면서 이중관계가 증가하는 것으로 나타난다(김진숙, 장연진, 2012; 박미은, 서미경, 김영란, 2001). 사회복지사의 심리적 · 정신적 취약성이 전문적 경계를 위반할 가능성을 높일 수 있어서 사회복지사는 자신의 욕구를 잘 보살피고, 전문적 관계의 경계를 잘 유지하고 있는지를 정기적으로 확인하는 것이 필요하다.

Ⅱ-6. 직업적 경계 유지(한국 사회복지사 윤리강령)
① 사회복지사는 클라이언트와의 전문적 관계를 자신의 개인적 이익을 위해 이용해서는 안 된다. ② 사회복지사는 업무 외의 목적으로 정보통신기술을 사용해 클라이언트와 의사소통을 해서는 안 된다. ③ 사회복지사는 어떠한 상황에서도 클라이언트와 사적 금전거래, 성적 관계 등 부적절한 행동을 해서는 안 된다. ④ 동료의 클라이언트를 의뢰받을 때는 기관 및 슈퍼바이저와 논의하는 과정을 거쳐야 하며, 클라이언트에게 설명하고 동의를 얻은 후 서비스를 제공한다. ⑤ 사회복지사는 정보처리기술을 이용하는 것이 클라이언트의 권리를 침해할 위험성이 있다는 사실을 인식하고 직업적 범위 안에서 활용한다.

3) 윤리적 민감성

사회복지실천은 자신의 권리를 주장하거나 보장받기에 취약한 상황에 있는 사회적 약자나 소수자인 클라이언트를 주요한 대상으로 하고, 실천업무의 특성상 윤리적인 갈등이 포함된 사례를 자주 직면할 수 있으므로 윤리적으로 바람직한 실천을 하기 위해서 사회복지사가 갖추어야 할 중요한 자질이자 역량이 윤리적 민감성이다.

윤리적 민감성(ethical sensitivity)이란 윤리에 관한 이슈를 지각하고 이를 윤리적 의사결정과정에 고려할 수 있는 능력으로 감정이입이 필요한 심리적 과정이자, 관점 정립이 필요한 인지적/지적 능력이다(Rest, 1983; Wittmer, 2000). 윤리적 민감성은 타고난 자질이라기보다는 후천적 학습과 훈련에 의해서 향상될 수 있는 것으로 나타난다(강정희, 문현주, 2022; 최명민, 2005). 따라서 사회복지사는 윤리적 민감성의 향상을 위한 지속적인 노력이 필요하다.

다음은 사회복지실천현장에서 경험할 수 있는 윤리적 문제가 포함된 사례들이다. 사례를 잘 읽어 보고, 어떠한 윤리적 이슈가 포함되어 있는지를 생각해 보며 이에 대해 토론해 보자.

사례		윤리적 이슈
사례 1	조현병으로 치료받고 있는 27세 H양은 최근 결혼하면서 남편에게 이를 숨겼고, 복용하는 약이 수면제라고 거짓말하였다. 그러나 남편은 아내의 행동이 다소 이상하고, 잠을 잘 자면서 수면제를 먹는 것이 이해되지 않는다며 아내가 상담하고 있는 사회복지사 A를 찾아왔다. 남편은 아내의 진단이 무엇인지 질문하였다.	
사례 2	B는 아동상담 사회복지사이다. 어느 날 J씨가 찾아와 그의 딸을 상담하는 도중, B는 J씨가 자신의 자녀를 가르치고 있는 담임교사의 친척임을 알게 된다. J씨는 담임교사로부터 B를 소개받았다면서 B에게 자신의 딸을 특별히 신경 써서 상담해 달라고 부탁한다.	
사례 3	한 노인요양원의 사회사업실에서는 보호자가 없는 거동불편 노인들의 생활비를 관리하고 있다. 어느 날 실장은 사회복지사 C에게 체력단련기계를 구입하여 거주노인들의 건강을 관리하도록 결정했고, 거주노인들의 통장에서 필요한 금액을 출금하라고 지시한다. 그러나 C는 거주노인들이 이 기계를 제대로 활용하지 못할 수 있다고 판단한다.	

출처: 최명민(2008).

3. 한국 사회복지사 윤리강령

윤리강령은 특정 직종이 전문직으로서 지켜야 할 사명과 원칙 및 행동규범을 정한 것으로, 전문직 지위를 추구하는 모든 전문직은 전문가 윤리강령을 통하여 전문직의 실천과 관련되는 윤리원칙과 행동원칙을 명문화하고 있다(Jackson, Puddy, & Lazicki-Puddy, 2001). 사회복지사 윤리강령은 사회복지실천행위 전반에 걸쳐 지켜야 할 가치기준을 제시하고 있어 사회복지사가 윤리적으로 바람직한 실천을 행할 수 있도록 안내한다(박차상, 강정희, 문현주, 2019).

우리나라의 사회복지사 윤리강령은 한국사회복지사협회에 의해 1982년 1월 처음으로 제정되었다. 2023년 4월 5차 개정으로 현재의 사회복지사 윤리강령 모습을 갖추었다. 5차 개정에서는 기존 사회복지사 윤리강령의 구조를 변경하여, 윤리강령의 목적 및 윤리강령의 가치와 원칙을 새롭게 추가하였고, 기존 42개 윤리기준을 69개로 확대하였다. 또한 기존 사회복지윤리위원회 관련 조항을 삭제하였다. 지난 20년간의 시대적 변화와 세계적 기준을 반영하였는데, 다양성의 가치 및 클라이언트의 주체성을 강화하는 내용과 용어 사용이 고려되었다.

5차 개정을 통해서 현재 사회복지사 윤리강령은 전문, 목적, 가치와 원칙, 윤리기준, 사회복지사 선서로 구성되어 있고, 구체적 내용을 요약하면 다음과 같다(한국사회복지사협회, 2023).

첫째, 전문은 사회복지의 기본이념에 대한 선언과 실천적 가치에 대한 규정, 윤리기준의 준수를 담고 있다. 기본이념으로 인본주의, 평등주의 사상, 인간의 존엄성과 가치존중, 천부의 자유권과 생존권의 보장, 사회정의, 평등과 자유, 민주주의 가치실현을 선언하고 있다. 실천적 가치로 클라이언트의 주체성과 자기결정권 보장, 사회복지사의 사명실천을 위한 전문적 지식과 기술개발 노력을 제시하고 있다. 마지막으로, 사회복지사로서 윤리기준을 준수할 것을 다짐하는 내용을 제시한다.

둘째, 윤리강령의 목적은 사회복지 전문직의 가치와 윤리적 실천을 위한 기준을 안내하고 윤리적 이해가 충돌할 때 고려해야 할 사항을 제시한다.

셋째, 윤리강령의 가치와 원칙으로는 인간의 존엄성과 사회정의 가치를 천명하고 이에 따른 윤리적 원칙을 제시한다.

넷째, 사회복지사의 윤리기준은 기본적 윤리기준, 클라이언트에 대한 윤리기준, 동료에 대한 윤리기준, 기관에 대한 윤리기준, 사회에 대한 윤리기준으로 구성된다.

- **기본적 윤리기준**: 전문가로서의 자세는 인간의 존엄성 존중과 사회정의 실현을 위한 노력을 제시한다. 전문성 개발을 위한 노력에는 직무능력개발과 지식기반의 실천증진을 제시한다. 전문가로서의 실천을 위해 품위와 자질유지, 자기관리, 이해충돌에 대한 대처, 경제적 이득에 대한 실천을 제시한다.
- **클라이언트에 대한 윤리기준**: 클라이언트의 권익옹호, 클라이언트의 자기결정권 존중, 클라이언트의 사생활 보호 및 비밀보장, 정보에 입각한 동의, 기록 및 정보관리,

직업적 경계 유지, 서비스의 종결과 관련한 윤리규정을 제시한다.

- **동료에 대한 윤리기준**: 존중과 신뢰를 기반으로 동료를 대하고 전문가로서의 지위와 인격을 훼손하는 언행을 하지 않는 등 동료와의 관계에 대한 윤리규정을 제시한다. 또한 슈퍼바이저에 대한 윤리규정으로 개인적 이익의 추구를 위해 자신의 지위를 이용해서는 안 되고 전문적 기준에 따라 슈퍼비전을 수행하고 공정하게 평가할 것을 제시한다.
- **기관에 대한 윤리기준**: 기관의 정책과 사업목표의 달성을 위한 노력, 기관의 부당한 정책이나 요구는 전문직의 가치와 근거로 대응하고 제반 법령에 따라 해결할 것을 제시한다.
- **사회에 대한 윤리기준**: 사회정책의 수립 및 입법과 집행에서 적극적 참여와 지원, 사회재난과 국가위급상황에서 적극적인 활동, 인간과 자연환경 및 생명 등 생태에 미칠 영향을 생각하며 실천할 것을 제시한다.

사회복지사 선언문
나는 모든 사람들이 인간다운 삶을 누릴 수 있도록 인간 존엄성과 사회정의의 신념을 바탕으로, 개인 · 가족 · 집단 · 조직 · 지역사회 · 전체 사회와 함께한다. 나는 언제나 소외되고 고통받는 사람들의 편에 서서, 저들의 인권과 권익을 지키며, 사회의 불의와 부정을 거부하고, 개인 이익보다 공공이익을 앞세운다. 나는 사회복지사 윤리강령을 준수함으로써, 도덕성과 책임성을 갖춘 사회복지사로 헌신한다. 나는 나의 자유의지에 따라 명예를 걸고 이를 엄숙하게 선서합니다!

4. 사회복지현장실습에서 경험하는 문제와 대처방안

실습생이 사회복지현장실습을 수행하는 동안, 윤리적 문제 및 다양한 문제를 경험하게 된다. 이는 실습생 자신이 원인이 되는 문제일 수도 있고, 클라이언트와 관련한 문제, 실습기관 및 실습지도자와 관련한 문제일 수도 있다. 실습생이 공통적으로 경험할 수 있는 문제의 양상과 대처방안을 다음에서 살펴본다(김승용, 박은주, 2012; 박용권, 2009; 배진형, 김희수, 안정선, 2014; 손가현, 박정선, 2020).

1) 실습생 문제

(1) 실습생의 정서문제

실습생은 실습과정에서 실습에 대한 부담감, 현장에서의 다양한 실제 업무의 수행, 클라이언트 문제 등으로 인해서 여러 부정적 정서를 경험할 수 있다. 혼란과 두려움, 외로움, 심리적 위축, 힘들고 우울한 기분 등을 느끼고 스트레스 및 심신의 소진을 경험할 수도 있다. 이러한 정서문제는 실습생이 공통적으로 경험하는 경우가 많기에, 실습생들과 이에 대해 이야기하면서 상호 위로와 격려를 통해서 해결이 가능할 수 있다. 그러나 정서문제가 지속되는 경우에는 실습지도자나 실습지도교수에게 알리고 상담을 받을 수 있다. 또한 실습업무의 조정을 통해서 정서문제를 완화시킬 수 있다.

(2) 실습업무 중의 실수

실습생은 기관에서 새로운 업무를 배우는 위치에 있으므로 실수가 있을 수 있고, 이에 대해 기관에서 관대하게 반응할 수 있다. 그러나 업무 중 실수가 클라이언트의 기본 권리를 해치거나 정신적 · 육체적 · 경제적 측면 등 클라이언트에게 다양한 측면에서 해를 입히게 될 경우는 즉시 실습지도자와 상의하여 해결방법을 찾도록 한다.

2) 클라이언트와 관련한 문제

(1) 클라이언트의 비밀보장

비밀보장은 사회복지사가 클라이언트의 동의 없이 클라이언트 정보를 누설하지 않는다는 윤리원칙이다. 그런데 면접기술 향상 또는 과정기록 제출을 위해 녹음(녹화)을 해야 할 경우 실습지도자와 상의하여 대상을 선정하고 철저한 계획 수립이 필요하다. 사전에 클라이언트의 허락을 받아야 하며 클라이언트의 개인 정보가 외부에 유출되지 않도록 해야 한다. 아동의 경우 부모나 보호자의 허락이 필요하다.

(2) 클라이언트가 실습생의 개인정보에 대해 궁금해하고 질문할 때

클라이언트는 다양한 이유로 실습생의 개인 정보에 대해 질문할 수 있다. 실습생의 교육이나 경험적인 자질을 알아보기 위해서, 혹은 실습생과 더 친밀해지기 위해서, 혹은 단순한 호기심의 표현일 수도 있다. 이와 같은 상황에서 지나친 방어적인 태도는 클라이언트와의 관계형성에 도움이 되지 않을 수 있다. 우선 실습생 신분임을 클라이언트에게 알릴 경우에는 실습생의 신분, 역할 등을 정확히 알려 주고, 실습지도자의 지도 아래 업무를 진행하고 있음을 알려 주어 신뢰감을 얻도록 한다.

또한 클라이언트가 실습생의 미숙함이나 경험 부족을 우려하고 있다면 클라이언트의 불안에 대해 충분히 공감하며 클라이언트를 돕는 방법에 대한 교육과 훈련을 받았다는 사실을 설명하고 현재 전문가인 실습지도자로부터 실습지도를 받으면서 자신이 어떻게 노력할 것인지를 구체적으로 설명하는 것이 좋다. 사적인 친밀감을 위한 경우에는 기관의 규정에 따라 간단한 정보 공개 여부에 대해 적절히 행동해야 한다. 또한 단순한 호기심에서 사생활에 대해 질문하는 경우는 가능하면 짧게 직선적으로 답해 주고, 정확한 주소나 개인 연락처는 알려 주지 않으며 사례가 종료된 클라이언트와 사적인 연락은 주고받지 않도록 한다.

(3) 클라이언트와의 사적인 이성관계

어떠한 경우이든 실습생이 클라이언트와 사적인 이성관계를 가지는 것은 바람직하지 않다. 클라이언트와 사적 만남을 가지지 않고, 업무와 관련된 일이라고 하여도 기관 밖에서 만나지 않도록 한다. 특히 가정방문 시 발생할 수 있는 위험 상황에 대해 충분히 고려해야 한다.

(4) 클라이언트로부터의 선물

실습기관에서 정하고 있는 클라이언트 선물과 관련한 규정을 확인하고 이를 준수하는 것이 좋다. 서비스 종료 후의 선물인 경우, 클라이언트의 의존성을 나타내는 신호로 직접 선물을 받지 않음으로써 다시 문제에 연루되지 않도록 한다.

(5) 폭력의 위험이 있는 클라이언트

기관에 따라 실습생이 폭력적인 클라이언트와 접촉할 가능성이 있다. 이를 대비해 실습지도자는 초기에 클라이언트의 폭력 성향과 관련된 정보를 제공하고, 이에 대한 대처방안을 지도해야 한다. 또한 폭력의 위험이 있는 클라이언트와의 실습활동 시에는 주로 직원이 동행하여 실습생의 안전을 보장하기 위해 노력한다. 그러므로 실습생이 혼자서

상의하지 않고 위험해 보이는 상황으로 뛰어들지 않도록 한다.

실습생의 안전을 위해 가정방문 시에는 항상 기관에 방문일정을 알리고, 가능한 두 명 이상 집단방문을 하도록 한다. 실습생은 기관의 안전 수칙, 위기개입, 위기처리 절차 등을 잘 알고 있어야 하며, 자신과 클라이언트를 보호하기 위해 책임 있는 결정을 내릴 수 있도록 배워야 한다.

3) 실습기관 및 실습지도자와 관련한 문제

(1) 실습업무의 문제 및 적절한 실습지도의 부재

실습업무가 단순 업무보조이거나, 직접 서비스보다는 교육만 실시하는 등 적절하지 못한 경우, 혹은 실습업무의 양이 지나치게 많거나 부족할 경우 등 실습업무와 관련한 문제를 경험할 때는 실습지도자와 논의하고 이후 개선이 되지 않으면 실습지도교수에게 보고한다.

실습생에게 적절한 슈퍼비전을 제공하는 것은 실습지도자의 책임이자 권한이다. 그런데 실습지도자의 사정으로 실습지도가 제대로 이루어지지 않는다면, 실습생은 이에 대해 정기적인 슈퍼비전을 요청할 수 있고, 이러한 상황이 지속되면 실습지도교수에게 보고한다.

이와 같이 실습업무나 실습지도에서 문제가 있을 경우 실습생은 실습기관을 변경할 수 있다. 실습기관 변경을 위해서는 실습지도교수와의 사전 협의가 필요하다.

(2) 성희롱 문제

실습기관에서 실습지도자와 실습생의 관계는 그 본질이 불평등한 위계적 관계이며, 실습지도자는 지도자, 역할모델, 평가자의 지위를 가지게 된다. 따라서 실습생이 실습지도자로부터 성적인 관계에 동의했다 하더라도 그 관계의 본질 때문에 이는 비윤리적이며 비합법적인 관계임에 틀림없다. 실습지도자와 실습생과의 관계는 사회복지사와 클라이언트 관계와 마찬가지로 윤리적인 관계를 유지할 수 있도록 한다. 성희롱 같은 심각한 문제가 발생하지 않도록 사전에 특별한 주의가 필요하다. 실습기관에서 성희롱 문제가 발생하여 실습생 스스로 해결할 수 없다고 생각될 때는 실습생이 이를 학교의 실습지도교수에게 알리고 논의하는 것이 필요하다.

제6장

사회복지 프로그램

- 사회복지공동모금회, 기업복지재단, 정부 등에서 프로그램 공모를 통해 사회복지기관에 보조금을 지원하는 사례가 늘어나고 있다. 또한 실습생은 기관에서 단위프로그램을 기획하고 진행하는 경우가 발생한다.
- 이 장에서는 사회복지현장에서의 프로그램 기획과 프로그램 계획서 작성, 공모 양식에 따른 프로그램 계획서, 단위프로그램 계획서와 관련된 내용에 대하여 알아보도록 하겠다.

1. 프로그램 기획
2. 프로그램 개발
3. 프로그램 계획서 작성
4. 프로그램 계획서 예시와 작성실습

1. 프로그램 기획

기획이란 계획을 수립하는 과정을 말하는 것으로 이 과정을 통해 얻어진 결과를 계획이라고 한다. Gilbert와 Specht(1977)는 기획을 "통찰력, 계획적인 사고, 조사를 통해서 문제를 해결하고 앞으로 발생할 문제를 해결하기 위한 의도적인 시도이며, 다양한 행동노선 중에서 어떤 노선을 취할 것인가에 대한 가치선호를 행사하는 것이다."라고 하였고, Dror(1967)는 "적절한 수단을 통해 목적을 달성하기 위한 미래의 가치에 대한 일련의 결정을 준비하는 과정"이라고 하였다(최일섭, 이창호, 1993: 박희숙, 현민석, 김애선, 2021에서 재인용).

York(1982)는 기획의 필요성을 합리성과 책임성의 측면에서 설명한다. 첫째, 기획은 문제해결과 의사결정을 위한 활동들에 합리적인 기술을 도입함으로써 결과 성취를 위한 최적의 가용 수단들이 무엇인지에 대한 결정을 보다 체계적 · 경험적인 것으로 만든다. 대부분의 사회복지 프로그램에서 합리성을 완벽하게 제시하는 것은 한계가 있다. 프로그램 제공 후의 경험적인 결과나 성과를 측정하기 힘든 부분이 있지만, 전체적인 기획과정에서 가능한 합리성을 유지하는 것이 필요하다. 둘째, 공식적인 기획 활동을 통해 프로그램과 관련한 제반 정보들을 드러냄으로써, 프로그램이 사회적으로 재가된 목적들과 일치하고 있는지 확인하도록 한다. 이를 통해 제반 이해집단들이 프로그램을 적절히 파악하게 해서 프로그램의 책임성에도 도움이 될 수 있게 한다. 합리적인 기획이 부재한 상태에서 프로그램 책임성의 요구는 일방적인 규칙이나 규제들에 대한 순응을 요구하는 쪽으로 몰고 갈 수도 있다. 그렇기 때문에 프로그램을 합리적으로 고안, 실행, 평가하는 데 필요한 제반 기획과정과 기술에 대한 능력이 요구된다(김영종, 권순애, 2003).

우리나라에서 사회복지 프로그램에 대해 공식적으로 관심을 갖게 된 것은 1991년 삼성복지재단에서 프로그램 신청 공모 제도를 시작하면서 비롯되었다고 할 수 있다. 이후 1997년 「사회복지사업법」의 개정을 기점으로 프로그램에 대한 평가의 비중이 커짐에 따라 프로그램 효과성에 대한 관심이 높아지게 되었고, 1999년 사회복지공동모금회에서 프로그램 공모 제도를 도입하게 되면서 사회복지 프로그램이 활발히 확산되기 시작하였다(김연규, 김성한, 2016; 서인해, 공계순, 2007).

사회복지 교육에 있어서 현장실습은 전공 학생들로 하여금 학교에서 배운 사회복지 지식, 기술, 가치를 사회복지사로서 전문적인 정체성에 통합시킬 수 있는 기회를 제공하는 매우 중요한 과정이다(Regehr et al., 2002). 따라서 사회복지 전공 학생들이 배운 전공 교과목이 실천현장 속에서 어떻게 적용되고 있는지 이해하고, 자신이 습득한 지식과 기술을 실천현장에서 직접 적용해 볼 기회를 제공할 수 있도록 사회복지 전공 필수 교과목 안에 사회복지현장실습을 포함시켜 자신의 미래 직업과 관련하여 적성과 자질을 알아볼 수 있도록 하고 있다(김태순, 황혜원, 2009). 이러한 맥락에서 실습과정에서 경험한 프로그램 기획은 실습생에게 중요한 역할을 할 수 있다.

사회복지실습 과정에 있어 실습과제의 대부분은 집단프로그램의 수행 및 수행보조에 치중하고 있으며 현장에서 클라이언트가 경험하는 생활문제의 해결에 직접적인 개입과 지원을 제공하는 개인을 서비스 단위로 하는 업무수행 경험의 기회가 제한적으로 주어지고 있다. 기관의 서비스 향상에 기여할 수 있는 전문적인 실습교육 과제의 개발을 추구함으로써 기관과 대학 모두에게 이익이 돌아가도록 하며 특히 기관과 대학 모두 실습교육의 공동주체로서의 기능을 효과적으로 수행하여야 한다(서진환, 2004). 이런 측면에서 전문가 양성을 위한 사회복지실습 과제로 프로그램을 기획하고 계획서를 작성하는 과제가 제시될 수 있다.

2. 프로그램 개발

1) 프로그램 개발의 필요성

사회복지현장에서 기획되어 디자인되는 프로그램 제안서는 사회복지실천 과정에서 상당히 중요한 의미를 가진다. 그것은 바로 제안서에서 계획된 바가 실제적인 실천의 내용과 서비스의 질에 영향을 미치기 때문이다(서인해, 공계순, 2007).

그동안 꾸준히 도입된 다양한 외부 재정지원에 의한 프로그램 개발활동 지원제도와 개발활동 관련 규정으로 인해, 그 어느 때보다도 현장 실천가들의 프로그램 개발활동에 대한 관심이 높아지고 있다. 그동안의 성과를 토대로 우리 실정에 맞는 보다 혁신적인 사회복지 프로그램 개발에 대한 실천활동과 학문적 관심도 증가되고 있다(서인해, 공계순, 2013b).

사회복지 전공생들은 사회복지현장실습을 통해 수업에서 배운 이론을 실제 상황에 적용시키고 실천기술을 발전시키면서 "전문사회복지사가 되는 데 필요한 자신의 능력을 시험"해 보는 기회를 갖는다(Fortune, McCarthy, & Abramson, 2001). 이러한 측면에서 실습경험은 사회복지사로 성장하는 데 토대를 제공하는 것으로 이해되므로, 사회복지 교육자들은 성공적인 실습이 될 수 있도록 적극적으로 학생을 지원해야 하는 임무를 갖는다(장수미, 김경미, 이지수, 2019).

Thomas와 Rothman(1994)은 프로그램 개발의 필요성으로, 프로그램 실행에 있어서 결과를 왜곡할 수 있는 잠재적인 요소들로 사회복지사의 전문성과 숙련성의 차이, 평가 절차와 평가도구, 평가자의 차이, 실험적인 조건의 구축과 비교 불가능, 프로그램 세부 활동과 서비스 양의 차이를 제시하고 있다.

2) 프로그램 개발의 중요성

사회복지기관에서는 클라이언트를 대상으로 프로그램을 개발하고 수행하고 있다. 이에 따라 사회복지실습생에게도 프로그램 개발에 대하여 실습기회를 제공하고 있는 곳이 많다. 사회복지 교과목 중에 프로그램 개발과 평가라는 교과목이 개설되기는 하지만 학교의 상황에 따라 실습 이후에 교과목을 개설하는 경우도 있다. 따라서 실습 전에 프로그램 개발과 관련한 내용을 파악하고 가는 것이 중요하다.

사회복지 프로그램의 중요성에 대하여 Skidmore(1995)는 다음과 같이 제시하고 있다(박희숙, 현민석, 김애선, 2021에서 재인용).

(1) 불확실성 감소

사회복지 프로그램의 기획과정을 통하여 사회복지조직은 급변하는 환경과 불확실한 미래상황에 대한 불확실성이 감소될 수 있다.

(2) 합리성 증진

사회복지 프로그램 진행 기준 마련을 통해 사회복지 프로그램 운영에 만전을 기할 수 있다. 이러한 기준은 사회복지 프로그램이 계획대로 얼마나 잘 수행되었는지를 가늠할 수 있는 평가의 기준이 됨과 동시에 그 실행과정에서 미흡하였던 점을 파악하여 이를 개선하는 기초가 될 수 있다.

(3) 효율성 증진

효율성이란 경제적인 것을 의미하는데, 사회복지 프로그램이 확정된 목표를 가지고 가장 효율적으로 달성할 수 있는 대안을 선택함으로써 효율성을 증대시켜 준다. 사회복지조직은 인력과 재원이 제한되어 있기 때문에 최소의 비용과 노력으로 서비스 목표를 달성하는 것이 바람직한데 이를 위해서는 사전에 치밀한 계획이 필요하다.

(4) 효과성 증진

사회복지조직이 이용자에게 제공한 서비스는 이용자의 문제나 욕구를 해결하는 효과가 있어야 하는데 이를 위해서는 반드시 사전에 기획이 수립되어야 한다.

(5) 책임성 이행

사회복지조직은 사회의 인가를 받아 정부와 개인의 기부금 등을 사용하고 있기 때문에 조직이 목표하는 서비스를 효과적이고 효율적으로 제공할 책임을 가지고 있다. 이 책임을 잘 수행하기 위해서는 서비스에 대한 기획이 반드시 필요하며 이것은 조직활동에 대한 평가를 하기 위해서이다. 사회복지조직의 기본적인 과제는 사회적으로 인정받을 만큼 좋은 서비스를 제공하는 것이다. 이렇게 사회적인 책임을 이행하기 위해서는 철저한 기획이 필요하다.

(6) 사회복지 프로그램 관련자들의 이해와 욕구충족

사회복지 프로그램 기획에는 그 프로그램에 관련된 전문가, 이용자 및 지역사회 관계인사들이 참여하게 되는데, 이들이 사회복지 프로그램에 적극적인 관심을 가지게 된다. 또한 사회복지 프로그램 자체가 이용자의 욕구에 맞게 개발되고 적용될 수 있다.

(7) 사회복지조직 실무자의 사기 진작

사회복지 프로그램 기획에는 많은 조직 구성원이 참여하고, 참여를 통하여 자신들이 조직에 기여하며, 자신들의 생각이 받아들여지는 경험을 한다. 또한 자신들의 참여로 어떤 계획이 이루어졌다는 데에 타인으로부터 인정받고 성취감도 얻을 수 있기 때문에 프로그램 개발은 사기 진작을 위해서라도 필요하다.

3) 프로그램 개발 역량

프로그램을 개발하는 단계별로 요구되는 역량은 다음과 같다(조성우 외, 2023). 각 역량을 보며 현재 자신이 가지고 있는 역량 수준을 파악해 보고 부족한 부분에 대하여 보완하고 실습에 참여하여야 할 것이다.

(1) 프로그램 개발 준비 단계

① 프로그램 기획의 의미와 필요성을 이해하는 능력
② 프로그램 기획의 전반적인 단계를 이해하는 능력
③ 프로그램의 근거가 되는 이론과 전략을 명확히 제시하는 능력
④ 질 높은 프로그램 개발과 평가를 위해 프로그램 관련 이론을 적용하는 능력
⑤ 프로그램 기획에 필요한 선행 연구를 탐색하는 능력
⑥ 선행 연구 결과를 읽고 정리하는 능력
⑦ 논리모델(logic model)을 이해하고 적용하는 능력

(2) 프로그램 계획서 작성 단계

① 문제와 상황을 분석하는 능력
② 욕구를 파악하고 조사하는 능력
③ 프로그램 목표를 수립(작성)하는 능력
④ 목표에 대한 평가방법을 제시하는 능력
⑤ 프로그램 논리와 전략 등을 간략한 도식화(표와 그림 등)를 통해 표현하는 능력
⑥ 프로그램 목표를 성취하는 전략적 활동을 구성하는 능력
⑦ 프로그램 홍보방법을 제시하는 능력
⑧ 프로그램 수행에 적합한 예산안을 작성하는 능력
⑨ 제안서를 타인이 잘 이해할 수 있게 작성하는 능력
⑩ 제안서를 효과적으로 발표하는 능력

(3) 프로그램 평가 단계

① 각 프로그램 실행과 결과를 구체적으로 기록하는 능력

② 프로그램 만족도를 평가하는 능력

③ 개별 클라이언트의 변화를 평가하는 능력

④ 집단 프로그램 효과성 평가를 위한 실험설계 능력

⑤ 질적방법을 활용한 프로그램 평가 능력

⑥ 프로그램 과정평가 능력

⑦ 평가척도 선정 및 활용 능력

⑧ 프로그램 평가지표, 목푯값, 평가도구, 평가방법을 선정 · 제시하는 능력

4) 프로그램 개발 7요소

프로그램 개발을 위하여 다음 7요소를 생각하고 정리한 후, 프로그램 계획서 작성으로 이어져야 한다(박귀영 외, 2021).

① What(무엇을 해야 하는가?): 종류(분야), 제목, 기본 포함 내용 등

② Why(왜 하는가?): 목적, 주제(표어), 주안점 등

③ When(언제 해야 하는가?): 예정 일시, 기간 등

④ Where(어디서 해야 하는가?): 제1후보지, 우천 시나 상황 변화를 대비한 제2후보지 등

⑤ Who(누가 하는가?): 주최, 주관, 후원, 준비위원, 책임자, 강사 등

⑥ for Whom(누구를 위해서 하는가?): 참가 대상의 성격, 인원 등

⑦ How(어떻게 집행해야 하는가?): 일의 분담, 순서의 세부 내용, 방법, 예산수립, 홍보 방법 등

5) 사회복지 프로그램 구성요소

사회복지 프로그램 구성요소의 성격은 사회복지실천 활동의 직접개입활동 및 간접개입활동이 모두 필요하다는 관점에서 2개의 기본적인 구조 영역에 4개의 사회복지실천 활동 영역으로 구성하였다. 또한 이러한 4개의 실천활동 영역에서 프로그램 활동의

이론적인 측면에서 동질적인 성격을 반영하는 8개의 프로그램 구성요소 범주와 이러한 8개의 구성요소 범주에 해당되는 총 24개의 개별 구성요소를 제시하였다(서인해, 공계순, 2013a).

직접개입활동 영역에는 사회복지실천 활동과정의 기본적인 요소인 문제파악과 대상자 모집활동, 개입활동의 목적, 목표 설정, 이러한 개입활동을 구성하는 서비스 과정, 개입강도를 포함한다. 또한 이러한 서비스 실천활동의 과정과 성과를 평가하는 평가영역뿐만 아니라 사회복지사, 클라이언트의 역할과 서비스가 제공되는 장소 등도 포함된다. 직접개입활동을 돕는 간접개입활동 영역은 프로그램을 실행하는 데 필요한 기관조직 및 행정 영역, 지역사회와의 연계활동 등이 포함된다(서인해, 공계순, 2013a).

표 6-1 사회복지 프로그램 구성요소의 범주 및 내용

<table>
<tr><th colspan="2">실천활동
기본구조</th><th>프로그램 범주</th><th>프로그램 구성요소</th></tr>
<tr><td rowspan="19">직접
개입활동</td><td rowspan="4">대상자</td><td rowspan="3">문제 및 욕구사정</td><td>문제 규정</td></tr>
<tr><td>문제의 심각성</td></tr>
<tr><td>문제의 원인</td></tr>
<tr><td>대상자 모집</td><td>서비스 대상자 규정 및 모집과정</td></tr>
<tr><td rowspan="15">서비스
활동</td><td rowspan="2">서비스활동 목표</td><td>프로그램 목적</td></tr>
<tr><td>프로그램 목표</td></tr>
<tr><td rowspan="6">서비스 개입활동의
특징</td><td>서비스 개입 절차/과정</td></tr>
<tr><td>서비스 개입모델(이론)/실천모델(이론)</td></tr>
<tr><td>사회복지사의 역할 및 과업</td></tr>
<tr><td>클라이언트의 역할 및 과업</td></tr>
<tr><td>개입(실천) 윤리 및 가치</td></tr>
<tr><td>프로그램 수행 장소</td></tr>
<tr><td rowspan="3">서비스 개입강도</td><td>서비스 개입횟수</td></tr>
<tr><td>서비스 개입간격</td></tr>
<tr><td>서비스 개입기간</td></tr>
<tr><td rowspan="2">평가</td><td>서비스 과정평가</td></tr>
<tr><td>서비스 결과평가</td></tr>
</table>

간접 개입활동	기관 조직 행정 활동	기관조직 및 행정활동	프로그램 수행 인력 특성
			프로그램 수행예산
			프로그램 활동과 관련된 직원교육
			프로그램 슈퍼비전 활동
			프로그램 지원을 위한 기관 규정/조직
			프로그램 지원을 위한 행정절차
	지역 사회	지역사회 연계	지역기관 및 지역사회 복지자원의 협력관계 구축

3. 프로그램 계획서 작성

사회복지 기관이나 시설들에 대한 사회복지공동모금회, 기업복지재단, 민간기금, 지자체, 중앙정부 등에서 프로그램 공모를 통해 기금을 지원하는 사례가 늘어나면서 프로포절 작성에 대한 관심이 높아지고 있다. 프로포절은 사회복지사가 프로그램을 개발하고 기획한 실체로서 실제 사업을 실행하는 데 운영지침으로서 활용될 뿐 아니라 대내외적으로 인증받고 기관의 당위성을 위한 근거자료가 된다. 내부적인 인증으로는 기관장 또는 이사회를 통해, 외부적으로는 사회복지공동모금회나 자원조달기관인 여러 기업재단들과 같은 후원자들로부터 사업에 대한 승인과 예산, 인력 등의 자원을 제공받는 것을 결정하고 확정 짓는 것을 말한다. 또한 대외적인 인증으로 정부로부터 사업비를 교부받을 때 근거로 활용되거나, 사회복지공동모금회나 정부 각 부처에서 수행하는 각종 공모사업의 신청서로도 활용된다.

기금주가 프로포절을 심사할 때 고려하는 사항은 문제의 심각성, 프로그램의 참신성과 효과성, 프로그램 운영의 비용효율성, 기관의 능력과 직원들의 전문성 등이다. 프로포절에는 기본적으로 사회복지의 가치가 반영되어 있어야 한다. 또한 실현 가능성, 기관의 준비성, 기록의 신뢰성 등을 제시할 수 있어야 한다.

프로포절의 구성은 표지, 문제 분석, 대상자 선정, 목표 설정, 활동내용, 예산, 평가 계획 등으로 되어 있다. 내용들을 어떻게 제시하는가에 따라 프로포절 심사에 영향을 미치게 되므로 대부분의 시설에서는 직원들에게 프로포절 작성 요령에 대한 지식과 기술을 갖출 것을 요구한다.

1) 문제분석

프로그램을 구성하는 가장 초기적인 단계로서 어떠한 프로그램의 개입을 필요로 하는지에 대해 문제와 욕구를 조사하는 것이다. 이것은 프로그램의 의도나 사명의 준거틀을 제공해 주므로 욕구사정을 통한 문제분석은 정확히 이루어져야 한다(김영종, 권순애, 2003).

2) 대상자 선정

대상자 규모를 추정하는 방법으로 네 가지의 인구집단을 구분해 범위를 좁혀 가는 접근방법을 제시할 수 있다(Rapp & Poertner, 1992: 44-48). 즉, 일반집단, 위기집단, 표적집단, 클라이언트 집단이다.

프로그램의 최종 대상이 되는 인구집단은 클라이언트 집단으로 프로그램이 수립되었을 때 실제 그 프로그램을 이용할 것으로 예상되는 프로그램 소비자들이다. 클라이언트 집단을 추정해 가는 과정으로 가장 넓은 범위인 일반집단으로부터 개념을 좁혀 가는 것이다. 역삼각형 전체를 일반집단이라고 한다면 그중의 일부가 표적집단이고, 표적집단의 일부가 위기집단이며, 클라이언트는 위기집단 중에 선정한다. 일반집단은 대상집단이 속한 모집단으로 사회복지조직이 서비스를 제공하는 행정 관할구역 내의 일반 사람들을 포함한다. 반면에 위기집단은 일반집단 중에서 문제에 노출되었거나 문제를 겪은 경험이 있는 사람들로 구성된다. 다음으로 표적집단은 프로그램 제공을 통해 문제해결의 대상으로 삼는 인구집단을 의미한다. 즉, 사회복지조직에서 반드시 서비스를 주어야만 하는 대상이다. 위기집단으로부터 표적집단을 추출할 때는 기준을 정하여 문제의 심각성이 높은 집단을 선정하되, 기관이 접근할 수 있는 지리적 경계 내에 있는 사람들로 한정하는 것이 바람직하다. 마지막으로, 클라이언트 집단은 제공될 프로그램에 직접 참여하게 되는 사람들을 의미한다. 사회복지 프로그램 참여는 가능한 클라이언트의 자발성이 강조되어야 한다. 또한 클라이언트의 능력과 프로그램의 실현가능성 등이 고려되어야 한다.

생활시설과 같이 표적집단 전체를 대상으로 프로그램을 진행하는 경우는 표적집단과 클라이언트 집단이 동일할 수도 있다. 일반적으로 클라이언트는 표적집단의 20% 이상을 선정하는 것이 바람직하다. 지나치게 적으면 제한된 자원을 투입하여 문제해결을 하는 효과가 낮다고 여겨지기 때문이다. 실제로 지나치게 적은 경우는 클라이언트의 선정 문제라기보다는 윗 단계의 표적집단 선정을 구체화하지 못했기 때문에 나타난다.

프로그램 대상자 선정의 오류는 개인이나 사회에 상당한 비용을 초래하게 되는데, 구체적으로 나타날 수 있는 상황은 저활용에 따른 비용과 과활용에 따른 비용으로 구분할 수 있다. 저활용에 따른 비용이란 욕구를 가지고서 서비스를 받지 못하는 개인들이 있음으로 인한 직접적인 비용들뿐 아니라, 그러한 사회문제를 해결하지 못함에 따라 사회 전체적으로 비용이 발생하는 것을 의미한다. 반대로, 과활용에 따른 비용은 유용한 서비스 자원들이 실제로 필요로 하는 사람들에게 가지 않고 필요 없는 사람들에게 쓰임으로써, 자원이 생산적으로 쓰여질 수 없었기 때문에 초래되는 비용을 의미한다(정무성, 2003).

3) 사업의 목적 및 목표 설정

목적은 욕구사정을 통하여 확인된 클라이언트의 욕구와 기관 서비스와의 직접적인 연계를 제공한다. 사회복지 프로그램은 명확하고 포괄적인 목적에 기초하였을 때 효과적이므로 프로그램 기획과정에서 기관이나 프로그램이 수행해야 할 과업의 목적을 선택하는 것은 가장 중요한 일이다.

목적이 프로그램에 의해서 시도되는 성과에 대한 폭넓은 규정이라면, 목표는 성과에 대한 좀 더 구체적인 규정과 변화노력에 대한 명확한 표적이 설정되는 단계라고 할 수 있다. 그래서 하나의 목적을 성취하기 위해서는 세분화된 목표들이 나타날 수밖에 없다(김영종, 권순애, 2003).

4) 활동내용

목적과 목표가 결정되고 나면, 목표를 현실화하기 위하여 개입전략이 수립된다. 이것은 프로그램의 목적을 '어떠한 방법으로 실현할 수 있는가'에 해당되는 것으로, 프로그램의 목적과 목표를 실현하기 위해 사용되는 접근방법 및 활동이다. 개입전략은 실제로 최소한의 문제해결을 포함하며, 자원을 동원하여 클라이언트나 지역사회를 지원할 뿐 아니라 문제해결에 저항하거나 방해하는 세력도 관리하게 된다.

명확한 목적과 목표, 문제해결에 적합한 개입이론과 개입전략, 이를 지원해 줄 수 있는 집단이나 조직이 갖추어졌을 때 비로소 개입활동을 시작한다. 문제나 욕구를 가지고 있는 개인이나 집단, 지역사회에게 구체적인 서비스의 형태로 프로그램이 구현된다(김영종, 권순애, 2003).

5) 예산수립

프로그램을 운영하는 데 드는 비용은 예산으로 표현되고 프로젝트 실행은 시간과 비용의 투여를 통해 이루어지게 된다. 프로포절 안에는 반드시 항목별 예상 비용이 체계적으로 구조화된 예산안이 포함되어야 한다. 예산수립은 신청 프로그램의 총예산을 인건비, 관리비, 기자재 및 집기 구입비, 수용비, 사업비 등의 항목으로 나누어 각 항목의 산출근거를 구체적으로 제시한다.

6) 평가계획

프로그램이 바람직한 방향으로 진행되고 있는가를 알아보는 것이다. 프로그램 평가의 두 가지 목적은 목표들이 성취되는 정도를 결정하고, 프로그램의 성공과 실패에 대한 이유를 확인하기 위함이다. 궁극적으로 자금 지원에 따른 프로그램의 존립을 정당화하기 위한 작업이라고 할 수 있다(김영종, 권순애, 2003).

4. 프로그램 계획서 예시와 작성실습

〈약식〉 사업계획서

1. 사업: 시설 입소 어르신들의 활력 증진을 위한 여가문화 지원사업

2. 사업 내용 및 방법

세부 사업명	활동내용(수행방법)	비고
원예활동 프로그램	• 원예강사를 통한 원예활동 프로그램 주 1회 총 2회 시행(3월, 10명)	
나들이 프로그램	• 봄맞이 벚꽃 나들이 프로그램 1회(4월 중, 참여자 및 인솔자 등 총 30명, ○○박물관 입장 등)	

3. 예산편성

(단위: 원)

목	세목	산출근거	신청금액(원)	비고(자부담 등)
총계			1,000,000	90,000
인건비	-	-	-	
사업비	원예활동 프로그램	재료비 20,000원×10명×2회=400,000원	400,000	
	나들이 프로그램	교통비: 45인승 버스 30만 원×1대=300,000원 식사비: 10,000원×30명=300,000원 ○○박물관 입장료: 3,000원×30명=90,000원	600,000	90,000
관리운영비	-	-	-	

그림 6-1 〈약식〉 사업계획서 예시

출처: http://proposal.chest.or.kr

〈약식〉 사업계획서

1. 사업명: 대상 목적 방법

• 대상, 목적, 방법과 관련된 정보를 담은 사업명을 적어 주십시오[슬로건은 부제(副題)로 병기해 주세요].

2. 사업 내용 및 방법

세부 사업명	활동내용(수행방법)	비고
	(시행방법, 시행 시기, 참여인원, 횟수 등을 포함하여 작성)	

• (세부 사업명) 전체 사업을 몇 개의 세부 사업으로 분류한다면 어떻게 구성될 수 있습니까?
• (활동내용) 사업을 어떻게 추진할 것인지에 대하여 세부 사업별 시행방법, 시행 시기 및 횟수, 참여인원, 사업 진행 일정 등의 정보를 담아서 기술해 주시기 바랍니다.

3. 예산편성

(단위: 원)

목	세목	세부 신청금액	비고
총계			
인건비			
사업비			
관리운영비			

• 사업에 직접 투입되는 비용을 인건비, 사업비, 관리운영비로 구분하여 작성해 주시기 바랍니다.
- (인건비) 해당사업을 직접적으로 수행하는 인력에게 투입되는 비용
- (사업비) 프로그램 수행에 필요한 직접비용
- (관리운영비) 프로그램의 수행에 필요한 간접비용(사업관리에 필요한 비용)

위와 같이 20○○년도 사업과 지원금을 신청합니다.

20○○년 월 일

기관대표자: (인)

사회복지공동모금회장 귀하

그림 6-2 〈약식〉 사업계획서

출처: http://proposal.chest.or.kr

〈프로그램 계획서〉

프로그램명	소쿠리에 공 넣기	진행자(실습생)	○○○
대상	○○○요양원 어르신	참여자 수	10명 내외
시간	60분 내외	장소	4층 프로그램실

1. 프로그램 실시 배경

겨울이라는 계절의 특성상 모든 일과가 실내에서 제한적으로 이루어지는 이용자들에게 게임을 통하여 치매를 예방하고 면역력을 높일 수 있는 신체 프로그램을 실시하게 되었다.

2. 프로그램 목적

① 눈과 손, 팔의 대소근육을 이용하여 신체를 움직이며 유연성을 높임으로써 잔존기능을 유지, 강화한다.

② 활동방법을 이해하고 참여하며 인지능력을 유지, 강화한다.

③ 소그룹활동을 통해 이용자들과 소속감을 가질 수 있다.

3. 프로그램 목표

목표 1		목표 2	
신체 움직임을 통해 유연성을 높일 수 있다.		신체 움직임을 통해 잔존기능을 유지, 강화한다.	
하위목표 1-1	진행자의 도움을 받아 두 손으로 공을 잡을 수 있다.	하위목표 1-1	진행자의 도움 없이 두 손으로 공을 잡을 수 있다.
하위목표 1-2	진행자의 도움을 받아 바구니를 향해 공을 던질 수 있다.	하위목표 1-2	진행자의 도움 없이 바구니를 향해 공을 던질 수 있다.

4. 프로그램 기대효과

기대효과 1	기대효과 2
무료한 일과에서 삶의 만족도를 높일 수 있다.	평소 잘 사용하지 않는 신체부위를 사용하여 신체면역력을 높일 수 있다.

5. 프로그램 수행방법

프로그램 수행방법	비고(준비물, 필요인력)
• 활동이름: 탱탱볼 소쿠리에 넣기 게임 • 활동목표: 게임을 통해 신체 근육을 유연하게 한다. • 활동방법 1. 이용자가 소쿠리를 향해 앉는다. 2. 소쿠리를 향해 탱탱볼(볼풀공)을 던져 소쿠리 안에 공을 4개씩 넣는 활동을 한다. 3. 활동을 1회 반복한다. ※ 참고: 욕구자의 잔존 능력 수준에 따라 활동방법을 달리한다. 〈1수준〉 진행자의 도움을 받아 활동에 참여하기 〈2수준〉 진행자의 도움 없이 활동에 참여하기	넓은 소쿠리(지름 100cm 이상), 탱탱볼 4개 • 진행자(사회복지사) • 활동 보조진행(담당 요양사) • 안전관리 담당(요양보호사)

6. 예산

- 탱탱볼 구입비: 1,000원×4개=4,000원
- 대형 소쿠리 구입비: 10,000원×1개=10,000원
- 예산 합계액: 14,000원

그림 6-3 프로그램 계획서 예시

출처: 박희숙, 현민석, 김애선(2021).

〈프로그램 계획서〉

프로그램명		진행자(실습생)	
대상		참여자 수	
시간		장소	

1. 프로그램 실시 배경

2. 프로그램 목적

3. 프로그램 목표

목표 1		목표 2	
하위목표 1-1		하위목표 1-1	
하위목표 1-2		하위목표 1-2	

4. 프로그램 기대효과

기대효과 1	기대효과 2

5. 프로그램 수행방법

프로그램 수행방법	비고(준비물, 필요인력)

6. 예산

그림 6-4 프로그램 계획서

표 6-2 집단 진행 단계별 주요 내용

단계	주요 활동	유의점
도입	• 출석확인 • 인사 및 나눔 • 지난 활동 관련 회고 및 과제 확인 • 본회기 활동목표 확인	• 활동목표에 대해 구성원들의 인식과 합의를 충분히 끌어냄 • 필요시 규칙을 재확인함 • 도입은 전체 진행분위기를 좌우하므로 흥미롭게 시작함
전개	• 활동준비 (강의, 시연, 학습 등)	• 특정 구성원의 독점과 소외를 관찰하고 조절함 • 외부로부터 충분히 안전한지에 대해 확인 • 회기 목표에 부합되면서 지루하지 않고, 쉽고, 흥미롭게 역동적으로 융통성 있는 진행 • 다양한 도구의 활용(중간 보상물 제공 등) • 구성원의 부정적 행동에 대해 강점관점으로 접근하며 낙인감 없게 처리하기 • 긍정적 행동 및 역동성에 대해 적극적 칭찬하기
	• 체험활동 (롤 플레이, 작업 등)	
	• 피드백 (활동에 대한 평가, 수정 등)	
정리	• 과제부여 • 일일평가 작성 및 소감 나누기 • 차기 모임에 대한 공지	• 자신과 타 구성원의 참여도에 대하여 칭찬과 반성, 기타 감정에 대한 충분한 공유 • 부정적 평가에 대해 비난하지 않기

출처: 조성심(2021).

표 6-3 집단 프로그램 세부계획서(예시)

프로그램명		집단상담	
프로그램 목표		1. 자신에 대한 이해와 타인에 대한 관점을 전환한다. 2. 집단활동을 통한 심리적 어려움을 나눈다. 3. 긍정적인 자아상을 찾는다.	
프로그램 진행	구분	내용	준비물
	도입 (30분)	• 프로그램 진행과정을 소개한다. • 집단규칙을 정하고 별칭을 짓는다.	필기구, 색연필, 명찰
	전개 (120분)	• 나와 타인에 대해 알기 위한 가족화, 작은 마음과 큰 마음을 표현한다.	색연필, 크레파스, A4용지, 활동지
	정리 (30분)	• 소감과 느낌을 나눈다.	필기구, 활동지

〈단위프로그램 계획서〉

<table>
<tr><th>프로그램명</th><td colspan="3"></td><th>담당자</th><td></td></tr>
<tr><th>일시</th><td colspan="3"></td><th>장소</th><td></td></tr>
<tr><th>목표</th><td colspan="5"></td></tr>
<tr><th>참가인원</th><td colspan="5"></td></tr>
<tr><th>프로그램
전
준비사항</th><td colspan="5"></td></tr>
<tr><th rowspan="4">프로그램
진행내용</th><th>시간</th><th>활동명</th><th colspan="2">활동내용</th><th>비고
(협조자, 준비물 등)</th></tr>
<tr><td></td><td></td><td colspan="2"></td><td></td></tr>
<tr><td></td><td></td><td colspan="2"></td><td></td></tr>
<tr><td></td><td></td><td colspan="2"></td><td></td></tr>
</table>

그림 6-5 단위프로그램 계획서

제7장

지역사회조사

- 실습생은 어떤 사회복지기관에서 실습을 하게 되든지, 그 지역사회에 대한 정확한 이해가 이루어져야 한다. 실습기관이 위치해 있는 지역사회에 대한 이해를 바탕으로 지역사회 문제를 규명하고 이를 해결하는 데 활용 가능한 지역자원체계를 파악하여 활용할 수 있도록, 지역사회에 대한 이해가 사회복지현장실습의 주요 내용에 포함된다.
- 이 장에서는 지역사회에 대한 사정과 지역사회 욕구조사, 자원개발과 관련된 내용을 다루고 지역사회조사를 통해 작성할 수 있는 양식을 살펴본다.

1. 지역사회 사정

2. 지역사회 욕구조사

3. 지역사회조사 관련 양식

4. 자원개발

1. 지역사회 사정

1) 지역사회 사정의 개념

지역사회 사정은 지역사회에 대해 학습하는 전문적 지역사회복지 실천을 위한 활동으로, 지역사회에 대한 이해를 위해 기본적인 정보를 수집하는 기초조사이다. 지역사회 사정을 위해서는 지역사회문제의 본질, 문제에 개입된 사람들의 대처 능력, 문제에 개입되어 있는 관련 체계들, 문제해결을 위해 유용한 또는 필요한 자원, 문제를 해결하려고 하는 동기 등을 확인해야 한다(Hepworth & Larsen, 1993).

사회복지 분야에서 네트워크는 자원부족의 문제를 극복할 수 있는 대안으로, 자원의 열세를 극복하기 위한 노력으로 소속감, 공동체 의식 증진이라는 효과를 기대할 수 있다(홍현미라, 2005, p. 29). 이에 지역사회 내에서 유사한 기능을 수행하는 기관들 간에 더욱 효과적인 실습교육을 이루기 위해 이러한 네트워크를 활용한다(표갑수, 김현진, 2009). 사회복지실습교육의 효과성을 실천수행능력으로 개념화할 때(정수경, 2004), 실천수행능력에 지역사회 이해능력이 포함된다(강홍구, 2009).

2) 지역사회 사정의 주요 원칙

① 지역사회 사정의 목표를 명확히 하여야 한다. 어떤 목표를 설정하느냐에 따라 수집해야 할 정보의 범위와 내용, 해석도 달라진다. 지역사회 사정의 목표가 지역사회 전체 주민들의 욕구를 파악하기 위한 것인지, 지역사회 내 취약계층인 노인들의 서비스에 관한 욕구를 파악하기 위한 것인지 등에 대한 목표를 분명히 하여야 한다.

② 지역사회 사정 시 구체적인 쟁점이나 문제에 초점을 맞추어야 한다. 지역사회 사정에 착수할 때 지역사회의 모든 문제와 쟁점을 포괄하여 사정하는 것은 거의 불가능하다. 따라서 지역사회를 사정하고자 할 때에는 구체적인 지역사회의 쟁점이나 문제에 초점을 맞추어야 한다.

③ 지역사회 내부의 다양한 관점을 이해한다. 지역사회를 정확하게 파악하기 위해서는 지역사회 주민 사이의 사회 · 경제적 차이 및 특별한 욕구의 존재까지도 인정

할 필요가 있다. 지역사회 주민들은 프로그램, 기관, 서비스 등에 대해서 상반된 견해를 가지는 경우가 많다. 따라서 지역사회의 주민, 사회복지기관에서 활동하는 사회복지사 등 다양한 이해당사자들로부터 자료를 수집할 필요가 있다.

④ 지역사회 주민의 참여를 중시한다. 효율적이고 효과적인 지역사회 사정을 위해서는 지역사회 상황에 밝은 사람을 참여시키는 것이 도움이 된다. 따라서 지역사회 주민의 참여가 우선되어야 한다.

3) 지역사회 사정틀

지역사회 사정 시에는 다음과 같은 사정틀을 활용하는 것이 도움이 된다(Netting et al., 2008, p. 174). 지역사회 사정틀과 각 단계별 활동은 〈표 7-1〉과 같다.

① **표적 인구집단에 초점 맞추기**: 문제를 경험하거나 욕구를 가진 개인, 가족, 집단들을 파악하여 초점을 맞춘다.

② **지역사회 특성 결정하기**: 공간적 특성, 지역사회 문제 및 지배가치를 파악한다.

③ **지역사회 차이 인식하기**: 표적집단이 억압을 받았거나 차별받은 사례가 있는지 확인한다.

④ **지역사회 구조 확인하기**: 유용한 권력과 자원, 서비스 전달단위, 자원통제와 서비스 전달방식, 단위 간의 연결을 확인한다.

표 7-1 지역사회 사정틀

과업	변수	구체적 활동
1. 표적 인구집단에 초점 맞추기	인구집단	1. 인구집단 혹은 하위집단 확인하기
	특성	2. 표적집단 구성원의 특성 이해하기
	욕구	3. 표적집단에 관한 데이터와 정보 찾아내기
2. 지역사회 특성 결정하기	공간	4. 변화노력의 대상이 되는 지역사회의 지리적 경계 확인하기
	사회문제	5. 지역사회 내의 표적집단에 영향을 미치는 문제 프로필 작성하기
	가치	6. 지역사회 내의 표적집단에 영향을 미치는 지배가치를 관찰하고 이해하기

3. 지역사회 차이 인식하기	억압	7. 표적집단이 권력집단과 기관들에 의해 공식적으로 혹은 은연중에 제약받은 방식 인식하기
	차별	8. 표적집단이 지역사회에서 차별받은 사례 확인하기
4. 지역사회 구조 확인하기	권력과 자원유용성	9. 이해관계자 인식하기, 표적집단의 욕구를 다루는 데 필요한 권력과 자원이 어디에 있는지 인식하기
	서비스 전달단위	10. 표적집단에게 서비스를 제공하는 비공식적, 중간 및 공식 단위 확인하기
	자원통제와 서비스 전달방식	11. 누가 지역사회 내의 표적집단에게 자원을 통계 혹은 제공하는지 결정하기
	단위 간의 연결	12. 표적집단의 욕구를 충족시키기 위해 만들어져야 하는 차이 간 혹은 서비스 전달단위 간 연결 확인하기

출처: Netting et al. (2008), p. 174.

4) 지역사회 사정의 유형

(1) 포괄적 사정

철저한 방법론을 활용하여 지역사회 전체를 포괄하는 방식으로 이루어지는 사정으로 지역사회 전체를 조사해야 하는 등 조사대상 규모가 방대하지만 현실적으로 비용이 제한되어 있는 경우 지역사회의 대략적인 욕구만을 파악할 가능성이 높다.

(2) 탐색 사정

기존의 유용한 자료나 현재 가지고 있는 1차 자료를 바탕으로 지역사회를 개괄적으로 이해하기 위한 초보적 수준의 사정으로, 사정 대상, 참여자, 비용 등의 규모가 상대적으로 작고 사정 결과에 근거하여 추가 사정이 필요한지를 결정할 때 사용한다.

(3) 문제 중심 사정

사정의 범위는 지역사회 전체이지만 아동학대, 가정폭력, 알코올중독 등 지역사회의 특정 문제를 중심으로 사정하는 방법으로, 지역사회의 우선적 문제해결에 초점을 둔다. 지역사회 전반에 대한 조사가 이루어지는 포괄적 사정보다는 특정 문제를 겨냥하기 때문에 보다 전문적인 사정이 될 가능성이 높다.

(4) 하위체계 사정

전체 지역사회를 사정하는 것이 아니라 지역사회의 특정 부문이나 체계를 사정하는 것을 말한다. 지역사회 내 특정 욕구를 중심으로 한 하위체계로 보육체계, 장애인복지 체계 등의 하위체계를 중심으로 이루어진다.

(5) 자원 사정

권력, 전문기술, 재정, 서비스 등 지역사회의 다양한 자원을 중심으로 이루어지는 사정이다. 지역사회 곳곳에 존재하는 다양한 자원을 파악함으로써 사회복지사는 어떠한 자원이 충분한지 혹은 부족한지, 어떠한 자원이 할당되고 연결되어야 하는지 등을 파악하여 지역사회의 자원과 욕구를 연결하고 중개하는 역할을 하게 된다.

(6) 협력 사정

지역사회 사정 시 전문가, 지역사회 주민, 서비스 이용자 등을 포함하는 이해관계자들과 협력하여 이루어지는 사정이다. 대부분의 사정이 사회복지사 등의 전문가집단에 의해 이루어지는 경우가 많으나, 지역사회의 다양한 이해관계자가 조사계획, 관찰, 분석 및 실행국면 등에 완전한 주체로 참여하게 된다.

2. 지역사회 욕구조사

1) 욕구조사 필요성

사회복지교육에서 조사연구방법론은 사회복지실천의 효과성을 입증하기 위해 매우 중요시되어 왔다(정순둘, 2006). 근거기반의 실천, 과학적 기반의 실천, 발전적 연구와 활용 등과 같은 용어가 등장하면서 사회복지교육에서 조사연구의 중요성은 더욱 강조되고 있다(Whittaker, 2002: 정순둘, 2006에서 재인용).

욕구조사는 조사대상자가 가지고 있는 정보를 파악하는 것을 목적으로 하는 일반적인 조사와는 달리, 사회복지 프로그램에 대한 의사결정을 하는 데 필요한 정보를 얻고자 하는 목적이 있다. 욕구조사는 지역사회 주민이나 사회복지 대상자가 가지고 있는 욕구를 파악하여 거기에 적합한 프로그램을 개발하거나 기존 프로그램을 개선하고자 할 때 실시하며, 욕구조사의 결과는 복지 프로그램의 신설이나 개선의 필요성을 정당화시켜 주는 실증적인 근거이다.

2) 욕구조사 방법

(1) 양적 조사방법

① **사회지표분석**: 지역사회의 지역적, 생태적, 사회적, 경제적 및 인구학적 특성을 보여 주는 다양한 사회지표를 통해 지역사회 구성원들의 욕구를 파악하는 방법

② **설문조사**: 구조화된 또는 반구조화된 설문지를 사용하여 우편, 면접 혹은 이메일 등을 통해 계획적이고 체계적으로 자료를 수집하는 방법

③ **프로그램 모니터링**: 지역사회의 각종 사회복지 기관이나 시설이 제공하고 있는 프로그램들을 검토함으로써 지역사회 구성원들의 욕구를 이해하고 나아가 서비스를 필요로 하는 표적집단을 파악하는 방법

(2) 질적 조사방법

① **비공식적 면접**: 지역사회 구성원들의 욕구를 이해하기 위해 사회복지실천가가 지역주민들을 직접 만나 그들이 면접 중이라는 느낌을 갖지 않은 상태에서 자연스럽고 편안한 대화를 통해 욕구를 파악하는 방법

② **공식적 면접**: 면접할 질문내용 등을 사전에 준비하여 면접을 진행하는 방법

③ **민속학적 조사방법**: 지역사회 구성원들의 가치나 신념, 삶의 방식, 행동, 문화, 사회적 상호작용 등을 심층적으로 이해하기 위하여 현지 관찰과 심층면접을 사용하는 방법

④ **지역사회포럼**: 지역사회 문제에 대한 지역사회 구성원들의 인식을 알아보기 위해 특정 시간, 특정 장소에 모여 자신의 입장을 개진할 수 있게 하는 방법

⑤ **명목집단기법**: 지역사회의 가장 중요한 문제가 무엇인지를 확인하기 위해 주로 사용되는 방법

⑥ **초점집단면접**: 해당 지역사회의 문제에 대해 잘 알고 있거나 그들의 문제에 대한 이익을 대표할 수 있는 이해관계자 10~12명을 한곳에 모아 놓고 사회자인 지역사회

복지실천가가 지역사회 문제나 욕구에 대한 개방형 질문들에 대해 각각의 의견을 개진하고 참여자들끼리 토론도 하게 하는 방법

⑦ **델파이기법**: 해당 지역사회 혹은 지역사회 문제에 대한 전문적인 지식을 가지고 있는 주요 정보제공자들에게 우편이나 이메일 등을 통해 지역사회의 욕구가 무엇인지를 파악하는 방법

(3) 욕구조사 피라미드 모형

욕구조사 피라미드 모형은 총 4단계로 조사하며 각 단계별로 쉬운 조사에서 핵심적 조사로의 전개를 중심으로 한다. 조사과정에 있어 다양한 정보를 다양한 시기에 함께 투입하는 수렴성과 비용적 효율성, 조사 자료의 접근성을 토대로 구성되어 있다. 지역사회조사의 통합적 접근을 가능하게 하는 욕구조사 피라미드 모형은 [그림 7-1]과 같고, 각 단계별로 다음과 같은 조사를 실시할 수 있다.

① **1단계-실태조사**: 기존 지역현황에 대한 조사
② **2단계-자원조사**: 지역의 자원과 주요 집단에 대한 조사
③ **3단계-서비스 이해당사자 조사**: 직접적인 서비스와 관련된 이해당사자에 대한 조사
④ **4단계-욕구조사**: 지역주민 전체에 대한 욕구조사

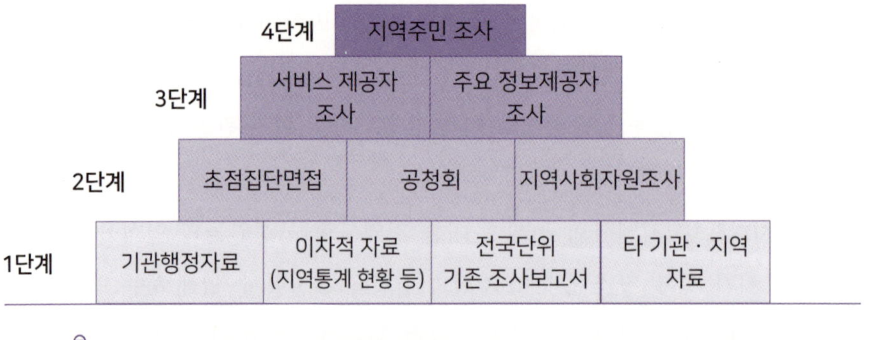

그림 7-1 욕구조사 피라미드 모형에 의한 지역사회조사의 모델

출처: 박귀영 외(2021).

3. 지역사회조사 관련 양식

1) 지역사회 프로필

지역사회복지실천에서 지역사회를 정확하게 이해하고 파악하는 것은 매우 중요하다. 지역사회를 파악하기 위해 지역사회에 관한 정보를 수집하고, 수집된 정보를 정리하고 목록화할 필요가 있다. 지역사회 프로필은 지역사회에 관한 다양한 정보를 담은 기본 목록이다. 지역사회복지실천에서 지역사회 프로필은 지역사회 욕구에 관한 정보를 수집하는 데 도움이 될 뿐 아니라 지역사회 개입 행동을 분석하기 위한 기초정보를 제공해 준다(지은구, 조성숙, 2019).

지역사회 프로필의 정보 원천은 사회복지사의 소속기관에서 수집할 수 있는 정보, 각종 통계정보, 주민들로부터 오는 정보, 직접 관찰에 의한 정보 등이 있다(지은구, 2003, pp. 221-223).

① **사회복지사의 소속기관으로부터 수집할 수 있는 정보**: 해당 지역사회에서 지역주민들을 위해 다양한 서비스를 제공해 온 사회복지기관의 프로그램이나 서비스에 대한 각종 정보, 관련 단체들과의 관계, 지역주민들의 인적 구성이나 가족 구성원들에 대한 기초자료들을 파악할 수 있음

② **다양한 통계정보**: 인구구조, 나이 분포, 주택 성향, 직업분포 등 지역사회를 이해하기 위해 사용할 수 있는 유용한 정보들은 통계청이나 각종 인터넷 사이트, 연구보고서 혹은 간행물 등을 통해 용이하게 구할 수 있음

③ **주민들로부터 오는 정보**: 지역사회에서 영향력이 있는 지도자, 중요인물 혹은 일반 지역주민들로부터 지역사회에 관한 다양한 정보를 획득하기 위하여 설문조사를 실시할 수도 있고, 지역사회포럼, 명목집단기법 혹은 초점집단기법 등을 통해 지역사회 주민들을 한 장소에 모아 놓고 짧은 시간 내에 많은 정보를 수집할 수 있음

④ **직접 관찰을 통한 정보**: 지역사회의 지리적 특성 혹은 각종 시설이나 건물의 위치 등을 포함한 물리적 특성을 파악하기 위하여 지역사회 곳곳을 살펴봄으로써 다양한 정보를 획득할 수 있음

〈지역사회 프로필〉

• 지역사회의 인구통계
(인구수, 가족 구성원 수, 성별, 연령별 인구수, 주택규모, 주민들의 수입 정도, 교육 수준 등)

• 지역사회를 끝에서 끝까지 둘러보고 느낀 점
(지역이 가지고 있는 지형적 특징, 건물의 상태와 용도, 공간 활용도 등에 대한 서술 등)

• 지역사회에 있는 각종 복지시설이나 기관들의 위치와 역할과 기능

• 지역사회에 있는 관공서, 학교, 병원, 버스정류장, 지하철역, 시장 등 생활편의시설의 위치와 기능

그림 7-2 지역사회 프로필

출처: 지은구(2003).

2) 지역탐방보고서

〈지역탐방보고서〉

○ 조사자(실습생)명: ○ 지역 소개자:

1. 탐방지역

2. 지역의 주요 사회지표 제시

3. 지역의 인구사회학적 특성

4. 지역의 사회경제학적 특성

5. 지역의 사회복지기관 및 자원 탐색

6. 필요하거나 보완되어야 할 사회복지서비스 제안

7. 결론

8. 첨부(관련 지도를 비롯한 탐방보고서 작성에 참조한 자료를 첨부할 수 있음)

그림 7-3 지역탐방보고서

출처: 지은구(2003).

3) 지역사회 유관기관방문

〈기관방문분석보고서〉

○ 방문기관명:
○ 기관소재지:
○ 기관 소개자:

1. 기관방문 목적

2. 기관방문을 위한 질의사항 및 응답 정리

3. 기관방문을 통해 알게 된 지식

〈검토할 사항 예시〉
1. 기관의 역사
   (1) 기관 설립동기 및 설립목적
   (2) 기관 사업의 역사적 변천
   (3) 기관 역사에 대한 실습생의 평가
2. 기관의 목적
3. 기관의 주요 사업 및 프로그램
   (1) 클라이언트 및 대상 지역
   (2) 주요 사업
   (3) 서비스 전달체계
   (4) 기관의 대상층 및 주요 사업에 대한 실습생의 평가
4. 기관의 행정사항
   (1) 기관의 조직구조
   (2) 예산, 후원 및 지원 사항
   (3) 기관의 행정구조와 예산 사용 및 후원에 대한 실습생의 평가
5. 기관이 속한 지역사회, 물리적 환경의 특징
   (1) 지역사회
   (2) 물리적 환경(시설, 공간 등)
6. 사회복지기관으로서 지역 내 타 기관들과의 연계
   (1) 관계유형 및 내용
   (2) 기관의 타 기관과의 관계유지에 대한 실습생의 평가
7. 기관의 특별한 면이나 전반적인 사항에 대한 인상이나 느낌

그림 7-4 기관방문분석보고서

출처: 한국사회복지사협회(2017).

4. 자원개발[1]

1) 자원개발의 필요성

사회복지 관련 기관들은 부족한 자원을 마련하기 위해 여러 가지 방법을 동원한다. 우리나라와 같이 사회복지기관에 대한 정부의 재정지원이 부족할 경우에 자원의 부족 현상은 더욱 두드러진다. 사회복지기관의 자원개발 필요성은 한정된 자원에 대한 수요는 언제나 공급을 초과하므로 자원은 항상 부족한 상태에 놓여 있게 됨으로써 발생한다. 사회복지기관들은 부족한 자원을 확보하기 위해 기업, 재단, 모금, 수익사업 등 다양한 외부 자원을 개발하고 있다.

2) 자원의 종류

자원의 사전적 의미는 '인간의 생존을 위한 의식주를 비롯하여 경제적 생산을 위한 원료와 에너지 등 자연에 의해 주어져 인간을 활동하게 하는 요소'를 의미한다. 사회복지에서는 자원을 '대상자의 사회적 욕구를 충족하고 인간에게 발생한 사회적 문제를 해결하기 위해 필요한 현금, 현물 등 물질, 노동력이나 기술(서비스로 구성되며 각종 제도, 시설, 기관, 단체, 프로그램 및 지식, 기술 정보 등)을 포함한 인적, 물적, 정보 등의 제 요소'로 정의해 볼 수 있다(엄미선, 최종복, 전동일, 2009).

(1) 인적자원

다른 물자와 마찬가지로 사람의 노동력을 생산자원 중 하나로 보는 관점이며, 협의의 개념으로는 사회복지실천 활동을 수행하는 인력으로 보는 것이다. 광의의 개념으로는 지역사회 내에 존재하는 다양하고 많은 사람을 모두 포함할 수 있다. 결국 사회복지시설의 인적자원은 사회복지서비스를 제공하는 시설종사자와 함께 사회복지 프로그램 수행에 있어 중요한 협조자인 자원봉사자, 후원자 등을 의미한다.

---

1) 정연모, 임우현, 최형임(2021). 사회복지현장실습. 지식공동체.

(2) 물적자원

그 존재형태가 물질적, 즉 가시적 자원으로서 사회복지 대상자에게 도움이 되는 현금이나 현물을 의미한다. 물적자원으로 현금은 정부보조금, 기업협찬금, 시민기부금(현금, 부동산, 증권, 물품 등), 서비스 이용료(의료, 상담, 교육 등) 등이고, 현물은 후원자들이 사회복지시설에 제공하는 다양한 물품이다.

(3) 제도적 자원

사회복지와 직간접적으로 관련된 제도를 말한다. 즉, 사회적으로 바람직할 것으로 판단되는 가치 · 관습 등이 제도화되어 사회성을 가짐으로써 법률 · 제도 등으로 규정되는 자원을 의미한다(엄미선, 최종복, 전동일, 2009).

(4) 정보적 자원

사회복지서비스 공급자와 사회복지 대상자 모두에게 복지활동 과정에서 의사결정이나 행동에 유의미한 영향을 줄 수 있는 사회복지와 관련한 제반 지식 및 서비스 등과 관련된 내용의 총체라 할 수 있다(이남희, 2000).

3) 지역사회 자원개발

지역사회 자원은 지역사회라는 지리적 · 공간적 범주에 속하는 자원으로 지역성을 바탕으로 한다. 정부, 기업, 재단 등 지역성과 상관없는 자원의 개발도 중요하지만 가장 중요한 자원 중의 하나는 사회복지기관이 위치한 지역사회의 자원 활용이다.

지역사회 자원개발을 위해서는 다음과 같은 몇 가지 사항에 초점을 두어야 한다.

① 지역사회 자원의 개발을 위해서는 지역사회 자원의 조사가 이루어져야 한다. 지역에는 다양한 인적 · 물적 자원이 있다. 사회복지기관에서 지역사회 자원에 대한 사전 조사 없이 사업을 전개할 시에는 자원이 요구될 때마다 자원을 구하는 경우가 발생하고 필요한 자원을 주어진 시간 내에 구하기 어렵다.

② 지역의 기존 네트워크와 자원을 활용하도록 한다. 지역사회에는 이미 확보된 자원과 자원활용을 위한 네트워크가 형성되어 있는 경우가 있다. 지역사회 자원을 개

발할 때 이들 기존 자원과 네트워크를 활용하면 쉽게 자원을 개발할 수 있다.

③ 자원을 내용과 분야에 따라 분류하도록 한다. 자원은 크게 인적자원과 물적자원으로 구분된다. 인적자원은 의료, 교육, 법률 등 전문 분야 자원봉사와 일반자원봉사로 구분될 수 있으며, 물적자원은 업체와 물품 종류, 금액, 유효기간, 보관방법 등 물품의 성격에 따라 분류되어야 한다.

④ 지역 욕구에 기반한 자원을 개발하도록 한다. 지역사회의 자원은 지역이 필요로 하는 욕구와 연결될 때 개발이 용이하다. 지역의 문제와 환경개선을 위한 욕구가 있을 때 지역사회 자원개발을 위한 마케팅 전략이 적합하게 이루어질 수 있다.

⑤ 자원의 관리가 체계적으로 이루어져야 한다. 자원의 종류, 양, 자원의 필요 시기, 자원의 보관, 기부자 서비스 등이 체계적으로 이루어져야 한다.

4) 자원개발 방법

(1) 직접대면 요청

직접대면(face-to-face) 요청은 잠재적 기부자를 직접 대면하여 기부나 후원을 요청하는 방법으로 개인을 대상으로 자원을 개발하는 가장 효과적인 방법 중의 하나이다. 그러나 기부자를 직접 만나야 하기 때문에 시간과 비용이 많이 소요되는 단점이 있다.

(2) 우편 요청

우편(Direct Mail: DM) 요청은 가장 전통적인 자원개발 방법 중의 하나로 잠재적 기부자들에게 기부를 요청하는 우편을 발송하여 기부를 이끌어 내는 방법이다. 기관에 대한 소개, 기관이 필요로 하는 것 등을 설명하는 내용의 편지를 발송하는 것으로 비교적 비용이 저렴하고 홍보 효과를 기대할 수 있다. 그러나 실제적인 기부로 이어 가는 데 한계가 있다.

(3) 전화 요청

전화(Telemarketing: TM) 요청은 잠재기부자에게 직접 전화하여 사회복지 기관이나 사업에 후원해 줄 것을 요청하는 방법으로 우편 요청보다 훨씬 응답률이 높다. 이 방법은 잠재기부자와 직접 이야기를 나누고 설득할 수 있다는 장점이 있는 반면, 조직에 대한 부정적인 감정을 가지게 할 가능성이 있다. 우편으로 기부를 요청한 후에 전화 요청을 통해 편지의 효과를 높이는 방법을 사용하는 것이 좋다.

(4) 회비

회원들에게 회비를 요청하는 것은 사회복지기관의 자원 확충에 도움이 되지만, 회비를 통한 모금액은 매우 적어 효과적인 자원개발 방법은 아니다. 그러나 회원들의 충성심과 책임감을 높이는 데 매우 효과적인 방법이다.

(5) 거리모금(가두캠페인)

거리에서 매일 수많은 불특정 다수와 대면접촉을 통해 새로운 기부자들을 개발하고 기관과 기관의 사업에 대하여 홍보할 수 있는 장점이 있다. 거리홍보를 위한 전담직원이 필요하다.

(6) 특별행사

지역주민들에게 기관의 이름과 활동에 대하여 홍보할 수 있고, 사람들이 즐겁고, 흥미롭고, 감동적인 시간을 가질 수 있도록 하는 자원개발 방법이다. 바자회, 운동회, 경로잔치, 음악회, 걷기 대회 등 다양한 이벤트를 통해 지역사회의 주민들에게 기관을 홍보하고 후원을 요청하거나 잠재기부자와의 접촉점을 마련하는 데 의미가 있다.

(7) 소셜 미디어 모금

IT기술의 발달, 인터넷과 스마트폰 사용의 보편화, 소셜 네트워크 서비스(SNS)의 확대로 이를 통한 모금방법들이 빠르게 확장되고 있다. 네이버 '해피빈', 다음카카오의 '같이 가치' 등 포털사이트에서 누구나 쉽게 자신이 기부하고자 하는 곳에 기부할 수 있다.

(8) 크라우드펀딩

투자, 대출, 후원, 기부 등의 목적으로 웹이나 모바일 네트워크 등을 통해 다수의 개인으로부터 자금을 모으는 크라우드펀딩(Crowd Funding) 방식이 새로운 자원개발 방법으로 떠오르고 있다. 후원과 기부는 금전적 보상을 기대하지 않는 펀딩방식으로 다양한 사회 공익 프로그램이나 순수한 목적의 기부를 받을 수 있다.

(9) 조직(단체) 요청

자원개발을 위해 개인이 아닌 조직이나 단체에 기부를 요청할 수 있다. 조직이나 단체는 어떤 상황에 대하여 공유된 집단적 관점을 가질 수 있고, 구성원들이 함께 기부하도록 압력을 행사할 수 있어 효율적으로 자원개발을 할 수 있다. 로타리클럽, 청년회 등 지역사회의 발전과 복지를 위해 활동하는 조직이나 단체들이 의외로 많이 있다.

(10) 기업재단

기업에서는 사회공헌을 목적으로 다양한 사회복지사업이나 후원을 위한 자금을 예산에 배정해 두고 있다. 이를 위해서 기업의 홍보와 이미지 제고를 위한 사회복지 프로그램을 제안하여 자원을 개발할 수 있다. 특히 기업들은 공익과 연계한 마케팅 효과를 통해 기업의 이미지와 매출을 동시에 높이는 데 관심이 있다.

(11) 민간기관

사회복지공동모금회 등 민간의 자금제공기관에서 실시하는 공모사업에 지원하여 보조금을 지원받는 방법이 있다. 공모사업에 프로포절을 작성하여 다른 사회복지기관들과 경쟁하기 때문에 사회복지사로서의 전문성을 높일 수 있는 기회가 되고, 선정될 경우 우수 프로그램으로 인정받을 수 있다.

제8장

사회복지실천기술

- 사회복지실천기술은 사회복지사가 특정한 개입목적을 달성하기 위하여 개인, 가족, 집단, 지역사회 등 클라이언트와의 관계 안에서 이루어지는 의도적인 활동을 의미한다. 실습생은 사회복지현장실습을 통해 학교에서 배운 다양한 실천기술을 현장에 적용하여 훈련하게 된다.
- 이 장에서는 관계형성기술, 의사소통기술, 면접기술에 대하여 각 기술의 개념 및 목적과 유형을 살펴보고, 간단한 사례를 통해 각 기술을 연습할 수 있도록 한다.

1. 관계형성기술
2. 의사소통기술
3. 면접기술

1. 관계형성기술

1) 원조관계의 개념 및 관계형성 기본 요소

사회복지실천에서 관계는 개인, 집단, 가족, 지역사회 차원에서 클라이언트를 도움의 상황, 원조과정에 효과적으로 참여시키기 위한 사회복지사와 클라이언트의 원조관계를 말한다(장수미 외, 2017). 이러한 원조관계는 클라이언트의 문제해결과 적응을 위한 촉매제로서 작용하여, 클라이언트가 자신과 환경 사이에서 더 나은 조정을 할 수 있는 능력을 얻도록 도와주는 것이기에 사회복지실천과정에서 매우 중요하다(Biestek, 1957).

사회복지실천과정에서 사회복지사와 클라이언트의 원조관계가 상호 결속감을 가지고 발전하는 것을 라포(rapport)라고 한다. 라포는 도우려는 열망으로 클라이언트의 안녕을 진심으로 걱정하고, 그들의 고통에 공감하는 마음가짐을 의미한다(장수미 외, 2017). 사회복지사와 클라이언트 사이의 라포형성은 원조관계의 기본으로, 클라이언트의 긍정적 변화와 사회복지실천이 목표로 하는 바를 달성하는 촉진제가 된다. 다음에서 라포형성을 위한 효과적인 원조관계 형성의 기본 요소를 알아본다(엄명용 외, 2016; 장수미 외, 2017; Johnson & Yanca, 2010).

- 이해: 상대방의 마음을 읽고 상대방의 눈을 통해 세상을 볼 수 있는 능력, 클라이언트의 감정, 욕망, 가치, 신념 그리고 지각을 정확하고 민감하게 감지하고 이를 클라이언트에게 전달할 수 있는 능력
- 존중과 보살핌: 클라이언트의 삶에 관심을 가지고 그 삶을 있는 그대로 존중하면서 클라이언트의 상황을 보살피고 도우려는 자세
- 헌신과 의무: 원조상황에 대한 책임감, 신뢰성과 일관성
- 수용과 기대: 클라이언트의 감정에 대한 존중과 믿음, 비심판적이고 비난하지 않는 태도
- 진실성과 일치성: 담보할 수 없는 약속을 하지 않으며 최대한 진실해지는 것, 일관성 있고 정직한 개방성을 유지함
- 명확한 의사소통: 클라이언트가 충분히 이해할 수 있도록 소통하는 능력

- **권위와 권한**: 사회복지사의 지식과 경험, 일정한 지위를 통해 사회복지실천에 영향을 미치는 권위와 권한을 가지게 되는데, 이것이 클라이언트를 통제하는 것이 아니라, 클라이언트를 격려하고 유익한 방식으로 작용할 수 있도록 함
- **자아노출**: 사회복지사가 도움의 상황에서 적절하다고 생각되는 자신의 경험을 클라이언트와 함께 나눌 수 있는 능력
- **감정의 파악과 감정이입**: 클라이언트 내면의 감정을 정확히 인지하고 이해하고 있음을 전달하는 능력. 감정표현 단어를 풍부히 알고, 나의 감정을 잘 알아차리고, 클라이언트와 유사한 상황에 있다면 어떤 감정을 느낄 것인가에 대해 상상해 보는 연습이 필요함

> 클라이언트: (사장과의 관계를 설명하면서) 노력을 무척하는데도 잘 안 돼요. 제 생각에 제대로 했다고 생각하는데, 사장님께서는 또 좋아하시지 않아요. 어떻게 해야 될지를 모르겠어요.
>
> 위 사례에서 클라이언트의 감정을 가장 잘 나타내는 단어를 고르시오.
>
> ① 죄책감 ② 분노감 ③ 좌절감

출처: 장수미 외(2017).

> 사회복지현장실습을 앞두고, 혹은 실습과정 중에 느낀 나의 감정을
> 다섯 가지의 단어로 표현해 봅시다.

2) 전문적 원조관계의 기본 원칙

사회복지사와 클라이언트 간의 전문적 원조관계의 목적은 사회복지사가 심리사회적 욕구와 문제를 가진 클라이언트를 원조하는 것으로, 사회복지사가 클라이언트를 이해하고 전문적인 관계형성을 위해 다음의 7개 기본 원칙을 지키는 것이 중요하다(Biestek, 1957).

첫째, 개별화의 원칙 준수가 중요하다. 개별화란 클라이언트 개개인의 독특한 자질을 알고, 이해하며, 클라이언트를 원조함에 있어서 불특정 다수를 위한 일반적인 지원이 아니라 클라이언트의 개별적 특성을 반영한 맞춤형 지원을 제공하는 것을 의미한다.

둘째, 사회복지사는 의도적 노력을 통해서 클라이언트가 자신의 감정을 자유롭게 표현할 수 있도록 도와주는 것이 중요하다. 클라이언트가 자신의 감정을 표현할 수 있는 안정된 분위기를 만들고, 허용적인 태도와 경청, 정서적 지지와 격려를 통해서 클라이언트가 긍정적 감정만이 아니라 부정적 감정도 자유롭게 표현할 수 있도록 돕는다.

셋째, 클라이언트의 감정에 대한 사회복지사의 통제된 관여가 중요하다. 사회복지사는 민감성을 가지고 클라이언트의 감정을 잘 관찰하고 이해할 수 있어야 한다. 또한 클라이언트가 감정을 말로 표현할 수 있도록 권고하고, 클라이언트의 표현된 감정에 대해 적절한 반응으로 호응할 수 있어야 한다.

넷째, 수용적 태도의 유지가 중요하다. 수용이란 클라이언트를 있는 그대로 이해하고 다루어 나가는 행동상의 원칙이다. 클라이언트의 존엄성과 그 인격의 가치에 대한 관념을 항상 유지해 나가야 한다. 이를 위해 사회복지사의 클라이언트에 대한 완전한 이해와 가치관 차이의 극복이 필요하며, 수용을 저해하는 요인, 예를 들어 클라이언트에 대한 선입견이나 편견과 같은 요인을 줄여 나가는 노력이 필요하다.

다섯째, 비심판적 태도의 준수가 중요하다. 이는 힘든 상황과 곤란으로 심판이나 비난을 받고 싶어 하지 않는 클라이언트의 욕구에 기반을 두고 있는 관계의 원칙이다. 비심판적 태도란 문제 혹은 문제발생의 원인에 대해서 클라이언트가 잘못이 있나 없나, 혹은 그에게 어느 정도 책임이 있느냐의 여부를 판단하지 않고 말하지 않는 것을 의미한다. 그러나 클라이언트의 태도나 행동에 대한 평가적 판단은 하고 있어야 한다.

여섯째, 클라이언트의 자기결정의 원칙이 중요하다. 이 원칙은 모든 인간이 자기 삶에 대한 결정 주체이기를 원하기에 사회복지실천의 개입과정에서도 클라이언트가 자신의 삶에 대해 스스로 결정할 수 있는 권리와 욕구가 있다는 원리에 바탕을 둔 것이다. 자기결정의 원칙은 사회복지사가 클라이언트를 위해 무엇을 해 주는 것이 아니라 클라이언트와 함께 해결해 나가는 것을 의미하므로, 전문적 관계의 동반자 의식을 강조한다. 사회복지사는 주변 자원 동원, 결정에 도움되는 서비스 지원대책 수립, 각종 정보제공을 통해서 클라이언트가 최선의 결정을 내릴 수 있도록 지원할 수 있어야 한다.

일곱째, 비밀보장의 원칙 준수가 중요하다. 이는 클라이언트의 기본 권리에 기초한 것으로 전문적 관계를 통해 알게 된 클라이언트와 관계된 정보를 누설하지 않아야 한다는 의미이다. 클라이언트의 원조를 위해 필요하더라도 비밀보장의 원칙을 어기게 되면 전문적 관계는 갈등관계로 전환되고, 사회복지실천의 효과는 상실된다. 예외적 상황으로 불가피한 경우는 최소한의 정보제공이어야 하고, 이에 대해서 클라이언트의 동의가 선행되어야 한다.

3) 사회복지현장실습에서의 관계형성

사회복지현장실습에서 실습생은 사회복지기관이라는 조직 안에서 동료실습생, 기관의 사회복지사들, 클라이언트 등 다양한 위치에 있는 사람을 처음으로 만나게 된다. 조직생활 및 현장경험이 부족한 실습생에게 실습에서의 관계형성은 어려움이 있을 수 있으나, 다양한 대상과의 관계형성 방법을 배우는 것은 실습을 통한 의미 있는 결과물이기도 하다(은선경, 김혜선, 2022). 실습에서 다음의 기본적인 태도와 행동을 일관되게 잘 실천한다면 다양한 사람과의 원활한 관계형성에 도움이 될 수 있다.

- 먼저 인사하기
- 협력하고 친화적이며, 적극적인 태도
- 솔선수범하는 행동

다음에서는 사회복지현장실습에서 만나게 되는 클라이언트, 동료실습생, 실습지도자 및 기관의 사회복지사들과의 관계형성에서 유의할 사항을 살펴본다(배진형, 김희수, 안정선, 2014; 한주빈 외, 2013; 홍나미 외, 2023).

(1) 클라이언트와의 관계

사회복지현장실습 기간 동안 실습생이 클라이언트를 만나는 기회는 기관의 특성에 따라 다르다. 클라이언트와의 접촉이 민감한 사항이거나 환경적 여건으로 제약되는 경우를 제외하면 대부분의 실습기관에서는 클라이언트를 직접 대면하여 실습을 진행한다. 실습생은 실습을 통해 클라이언트의 마음을 열고 이들의 삶을 이해하고 소통하는 데 있어서 클라이언트와의 라포형성의 중요성을 인식하게 된다(배나래, 김지운, 2021). 사회복지현장실습 기간 동안 클라이언트와의 전문적 관계형성에서 유의할 사항은 다음과 같다.

첫째, 클라이언트에 대한 이해가 필요하다. 클라이언트의 연령, 건강 및 기능상태, 성별 등 클라이언트의 다양한 인구사회학적 기준에 따른 클라이언트의 개별적 특성에 대한 이해가 있어야 관계형성과 상호작용이 원활하게 이루어질 수 있다.

표 8-1 클라이언트 대상별 관계형성 시 유의사항

① 아동
- 바른 언어사용과 올바른 품행으로 아동의 역할모델이 될 수 있어야 함
- 대화할 때 눈높이에 맞추어 이해하기 쉽게 말하고, 놀이를 통한 정서적 교류가 효과적임
- 아무리 사소한 것이라도 지키지 못할 약속을 해서는 안 됨
- 아동이 용돈, 선물 등을 요구하는 경우에 이에 응하는 것은 바람직하지 않음
- 아동이 공격적 행동을 보일 때는 그러한 행동의 이면과 배경을 이해하고 감정을 발산할 수 있도록 도와주는 것이 적절함

② 장애인
- 장애인에 대한 편견 및 고정관념에서 벗어날 수 있어야 함
- 장애유형에 따른 장애특성과 그 수준에 따른 사전지식이 필요함
- 과잉친절이나 과잉염려, 무조건적인 원조가 아니라 장애인이 무엇을 원하는지 잘 듣고 행동하는 것이 필요함

③ 노인
- 노인을 존중하는 자세와 태도를 견지하고, 인격적으로 대함(어린아이 대하듯이 하지 말아야 함)
- 할아버지, 할머니 호칭보다는 '어르신'으로 부르는 것이 바람직하며, 선호하는 호칭이 있으면 원하는 호칭을 사용함
- 노인의 가까이에서, 간결하게, 노인이 아는 말로 대화하고, 대화속도 및 동작 등을 노인의 페이스에 맞추어서 함
- 치매 등 노인성 질환의 특징 및 증상을 잘 알고 대처함

출처: 홍나미 외(2023).

둘째, 실습기간 중에는 특정한 클라이언트에게 관심을 집중하거나 사적인 정보를 공유해서는 안 되며 실습생으로서의 자세를 지키면서 관계를 유지하는 것이 바람직하다.

(2) 동료실습생과의 관계

동료실습생과의 관계형성은 사회에 나가기 전, 동료들과의 협력과 협의에 있어서 중요한 요소가 된다. 동료실습생과의 긍정적 관계는 졸업 후 현장의 동료실무자로서의 관계로까지 지속되어 상호 협력하고 지지하는 네트워크로서 훌륭한 자원이 될 수 있다. 실습이 진행되는 동안 실습생들은 집단으로 과제 및 프로젝트를 준비하거나 회의 등에 참여하면서 상호 협력하고 갈등을 해결하는 다양한 기술을 학습할 수 있는데, 다음의 사항들을 잘 준수할 때 동료실습생과의 관계형성과 상호작용이 원활할 수 있다.

첫째, 실습생은 서로가 동료이며 협력자라는 사실을 인식하고, 실습 중의 경험을 공유하는 과정을 통해서 상호 협력하고 지지하고 격려할 수 있도록 한다.

둘째, 호칭 및 예절 등에 주의한다. 사적 호칭을 사용하지 않고, 경어를 사용하도록 한다. 또한 공석이나 사석에서 동료를 비평하는 일이 없도록 한다.

셋째, 액수의 많고 적음을 불문하고 금전거래는 하지 않도록 한다.

(3) 실습지도자 및 기관 사회복지사와의 관계

실습생은 기관의 실습지도자를 포함하여 기관에서 종사하는 여러 사회복지사를 만나게 된다. 실습기관에 따라서는 실습지도자의 지도 아래 부서별 업무를 지도해 주는 별도의 담당자로부터 실습을 지도받는 경우도 많다. 그러므로 실습기간 동안 사회복지사의 업무의 역량이나 서비스 분야에 따라서 다양한 내용을 경험할 기회를 얻을 수 있도록 실습지도자는 물론이고 기관의 사회복지사와 신뢰관계를 맺는 것이 중요하다.

이러한 신뢰관계 형성을 위해, 첫째, 실습생은 성실한 자세와 책임감 있는 태도로 실습에 임해야 한다.

둘째, 실습기관의 구성원이라는 생각으로 다른 구성원과 협력하며 친화적인 태도, 겸손하면서도 배움에 대해 적극적 태도를 취하는 것이 중요하다.

셋째, 실습지도자뿐만 아니라 기관의 모든 직원이 실습지도자임을 기억하고 이들의 지도를 잘 이행하고, 적극적인 자세로 접근하고 관계를 맺는 것이 실습효과를 최대화하는 데 도움이 된다.

넷째, 실습지도자의 지도와 조언을 수용하고, 의문이나 질문사항은 그 자리에서 혹은 당일에 적극적으로 질문하고 지도를 받아서 해결하는 것이 학습에 효과적이다.

2. 의사소통기술

1) 의사소통의 개념 및 유형

의사소통은 사람들 간에 생각이나 감정 등을 교환하는 총체적인 행위로서, 의사소통을 하는 대상자들 간의 행동에 영향을 미치게 된다. 일상생활에서 자신의 감정이나 의견을 효과적으로 주고받을 수 있는 의사소통기술은 바람직한 인간관계의 형성과 유지에 필수적인 요소이다. 또한 사회복지실천 과정에서 의사소통은 사회복지사가 클라이언트와의 상호작용 속에서 생각, 정보, 감정 등을 전달하고 돕는 상황에서 가장 중요한 도구로 활용되는 사회복지실천의 핵심기술이기도 하다.

의사소통은 언어적 방법뿐만 아니라 비언어적 방법에 의해서도 이루어진다. 언어적 방법은 구어나 문어를 통해서, 비언어적 방법은 제스처나 표정, 눈맞춤, 목소리, 억양 등과 같은 요소가 포함되는데, 이러한 요소들을 관찰하면서 클라이언트의 감정을 파악하고 소통할 수 있다.

언어적 의사소통은 교환되는 메시지의 명확성은 높지만 언어사용에 대한 개인적 차이 때문에 의미의 해석이 다양할 수 있다. 같은 언어라도 사람마다 조금씩 사용의 의미가 다르고, 감정이나 뉘앙스를 전달하는 방식도 다르다. 따라서 효과적으로 메시지를 전달하기 위해서는 명확하고 간단한 용어를 사용하고, 전달하고자 하는 메시지의 내용과 비언어적 표현방식(표정이나 몸짓 등)을 일치시켜야 한다. 또한 한꺼번에 너무 많은 정보로 상대방을 혼란스럽게 만들지 않아야 하고, 상대방이 잘 이해했는지를 확인하기 위해 질문을 활용한 피드백을 요청하는 것이 중요하다.

모든 의사소통에서 비언어적 요소는 거의 93%의 높은 영향을 가지는 것으로 나타난다. 메라비언의 법칙(The Law of Mehrabian)에 의하면, 의사소통에서 시각적 요소(표정, 헤어스타일, 복장, 자세, 매너, 제스처 등)가 차지하는 비율은 55%, 청각적 요소(말의 속도, 억양, 크기 등)가 차지하는 비율은 38%, 말의 내용이 차지하는 비율은 7%에 지나지 않는 것으로 나타나, 비언어적 요소의 중요성을 알 수 있다(Mehrabian, 1971).

사회복지실천기술에서 비언어적 의사소통의 관찰을 통해 사회복지사는 클라이언트가 말하는 것이 그의 사고나 감정과 일치하는지를 확인할 수 있고, 사회복지사 자신이 클라이언트에게 어떻게 인식되고 있는지를 알 수 있다.

비언어적 의사소통 중 시선 접촉은 의사소통에 대한 참여 의사 및 민감성과 이해가 있음을 나타내고 시선 접촉이 없는 것은 진실성이나 흥미가 없는 것으로 해석된다. 목소리의 어조는 감정을 나타내며, 표정은 중요한 메시지를 전달하는 것이므로, 사회복지사는 이를 잘 관찰하여 클라이언트에게 적절하게 반응하고 효과적으로 소통할 수 있어야 한다.

2) 효과적인 의사소통기술

(1) 나 전달법

나 전달법(I-message)은 '나의 입장(I-position)'이라고도 불리는 소통기술로 폭넓게 사용할 수 있는 기본적인 의사소통기술이다. 나를 중심으로 상대방에게 나의 감정과 생각을 효과적으로 전달하는 방법으로, 특히 중요한 것은 상대방의 행동을 비난하지 않고, 상대방의 말과 행동이 나에게 어떤 영향을 미쳤는지 구체적으로 말하고 그로 인해 생긴 나의 감정이나 느낌을 전달하는 것이다. 나 전달법은 다음의 세 가지 요소로 구성된다(이영호, 2014).

- **상황서술**: 상대의 특정 행동에 대해서 간결하지만 분명하게 묘사한다.
- **영향설명**: 상대의 행동이 나에게 미치는 영향을 구체적으로 서술한다.
- **감정 및 기대 표현**: 구체적인 영향에 대해 내가 느낀 감정이나 느낌과 기대하는 사항을 전달한다.

이러한 나 전달법을 사용하면, 흔히 대화에서 상대방에게 문제가 있는 것으로 표현하여 상대에게 비난이나 공격하는 느낌을 줌으로써 관계형성이나 의사소통을 힘들게 하는 너 전달법(You-message)의 문제를 경험하지 않고, 나의 감정과 생각을 효과적으로 전달할 수 있다.

(클라이언트가 상담시간에 자주 늦는다.)

- 너 전달법: 왜 맨날 늦으시는 거죠?
- 나 전달법
  - 상황서술: 요즘 상담시간에 자주 늦으시는 것 같아요.
  - 영향설명: 저희가 정해 놓은 시간보다 늦게 시작하면 제가 여유롭게 대화를 나누지 못하고, 다른 예정된 일정에도 영향을 주게 됩니다.
  - 감정 및 기대 표현: 제가 ○○ 님과 최대한 효과적인 상담을 위해 준비하고 있기 때문에 정해진 시간에 시작할 수 있으면 더 좋겠어요.

(동료가 일처리를 하지 않고 미루고 있다.)

- 너 전달법: 아직도 안 하고 도대체 언제 할 거야?
- 나 전달법
  - 상황서술: ______________________________
  - 영향설명: ______________________________
  - 감정 및 기대 표현: ______________________________

(2) 회의 진행 시 의사소통기법

사회복지실천 과정에서는 기관의 운영을 위해서 직원들 간의 일상적인 회의뿐만 아니라 클라이언트의 원조를 위한 사례회의가 필수적이다. 또한 사회복지현장실습 과정에서 과제 수행을 위해서 동료실습생들과의 회의를 진행할 수 있다. 회의의 효율성을 높이고 종사자들 간의 이해관계를 강화하기 위해서 회의 진행 시 다음의 효과적인 전략을 사용하는 것이 도움이 될 것이다(오혜경, 하지영, 2007).

첫째, 배포된 회의자료를 미리 읽어 보고, 회의의 목적을 이해하고, 의제에 관한 의견과 견해를 미리 준비하는 등 사전준비를 하고 회의에 참가한다.

둘째, 명확하고 간결한 언어를 사용한다. 복잡하고 모호한 문장은 오해의 소지를 높일 수 있다. 간결하고 명확한 메시지는 수신자가 쉽게 이해하고 효과적으로 대응할 수 있도록 도와준다.

셋째, 주요 포인트를 강조한다. 핵심메시지를 간결하게 정리하여 전달하고, 필요에 따라 반복하여 강조함으로써 수신자의 이해도를 높일 수 있다.

넷째, 구체적인 예시와 자료를 제시한다. 메시지를 설득력 있게 전달하기 위해서는 구체적인 예시나 자료 및 데이터를 제시하는 것이 도움이 된다. 추상적인 이론이나 개념보다는 구체적인 사례와 통계 데이터를 활용하여 메시지를 뒷받침하는 것이 효과적이다.

다섯째, 상대방의 관심과 필요에 맞게 맞춤형으로 전달한다. 상대방이 중요하게 생각하고 있는 부분에 집중하여 메시지를 전달하면 효과적인 의사소통이 이뤄질 수 있다.

여섯째, 질문과 피드백을 적극적으로 활용한다. 메시지를 전달한 후에는 상대방에게 피드백을 적극적으로 요청하고, 질문을 통해 상대방의 이해도를 확인하고자 노력해야 한다. 상대방의 의견을 듣고 적극적으로 대화를 이어 가면서 의사소통의 완성도를 높일 수 있다.

일곱째, 다른 사람의 의견을 잘 수렴하고, 자기 의견을 다른 사람에게 강요하지 않는다.

(3) 경청

경청은 상대방의 말을 귀 기울여 듣는 가장 단순한 대화법이기도 하지만 단순한 듣기가 아니라 상대방의 마음을 읽고 이해하려는 노력을 의미한다. 이러한 의미에서 경청은 상호 간의 존중을 나타내며 상대방을 중요하게 여기고 신뢰를 구축하는 데 도움이 된다. 상대방이 자신의 의견과 감정을 존중받고 이해받는다는 느낌을 받을 때 소통은 더 원활하게 이루어진다. 이처럼 경청은 건강하고 효과적인 관계형성과 의사소통의 질을 높이는 데 기여한다.

3. 면접기술

1) 면접의 특징

면접(interview)은 두 사람 이상이 특정한 목적을 가지고 함께 이야기를 나누는 것이다. 사회복지현장에서 면접기술은 전문적인 관계에 기초해서 클라이언트가 제시하는 문제를 해결하기 위해 정보를 수집하고 이를 사정하며, 실제적 개입이 이루어지는 실천과정의 모든 단계에서 활용된다. 사회복지사의 실천기술은 전문직과 비전문직을 구분하는 중요한 요소 중의 하나이며, 특히 통합적 접근을 하는 사회복지사들의 핵심기술은 면접기술이다(박선숙, 한삼협, 2017).

표 8-2 사회복지실천 면접의 특징

- 면접을 하기 위한 (세팅)과 (맥락)이 있다. 면접은 클라이언트에게 서비스를 제공하는 기관에 의해 클라이언트의 특정 상황(맥락)에 따라 이루어진다. 상황과 관련이 없는 내용은 면접에서 다루지 않는다.
- 면접은 (목적)과 (방향)이 있다. 면접은 클라이언트를 이해하고 돕기 위한 목적을 달성하기 위해 수행되는 과정으로 목적 지향적인 활동이다.
- 면접은 (계약)에 의해 수행된다. 면접은 사회복지사와 클라이언트가 목적 달성을 위해 함께 협력하는 것에 합의한 상태에서 계약하여 이루어진다.
- 면접은 특정한 (역할)관계가 있다. 면접은 사회복지사는 면접자, 클라이언트는 피면접자라는 특정한 역할관계로 규정되어 그 역할에 따라서 상호작용이 이루어진다.
- 면접은 (공식)적인 활동이다. 면접은 개인적으로 이루어지는 것이 아니라 공식적으로 이루어진다.
- 면접의 목적은 (단계)마다 달라진다. 면접의 목적은 클라이언트를 이해하고 돕는 것이지만 실천 단계마다 세부 목적이 달라진다. 초기 단계의 면접은 신뢰를 형성하는 것이고, 자료수집 단계는 유용한 정보를 수집하는 것, 사정 단계는 목표 설정 및 개입계획 수립에 필요한 판단을 하는 것, 개입단계는 클라이언트의 변화를 유도하는 것이 면접의 주요 목적이다.

출처: 우국희 외(2015).

2) 면접의 준비

면접장소는 조용하고 사생활이 보장되는 장소로, 사회복지사가 클라이언트에게 집중할 수 있는 환경이어야 한다. 별도의 면접실이나 상담실은 사회복지면접의 공식성과 전문성을 강조하고, 클라이언트의 정보와 관련한 비밀보장에 대한 신뢰를 주어 면접이 원활하게 이루어지는 것에 도움이 된다. 면접실은 안락의자와 둥근 탁자, 조명, 휴지 및 액자 등을 배치하여 클라이언트가 편안함을 느낄 수 있는 분위기를 조성한다.

면접시간은 사전에 약속을 확인하며, 시간을 반드시 준수한다. 면접 중 사회복지사는 전화통화나 제3자와의 대화 등을 피해야 한다. 면접은 1회 세션에 1시간 이내(40~50분 정도)로 활용하는데, 클라이언트의 주의집중력에 따라 시간을 조정한다.

면접에 대한 기록은 과정 전체나 중요사항을 부분적으로 메모하는 방법이 있는데, 기록 시에는 면접의 흐름을 깨지 않도록 주의해야 한다. 비디오나 녹음기를 활용하는 방법은 클라이언트의 비언어적 표현까지 기록해 주는 장점이 있지만 클라이언트의 동의가 필요하다. 기록 전에 클라이언트에게 기록의 필요성을 설명하고 사전에 양해나 동의를 구하고 비밀보장을 클라이언트에게 확인시켜 주어야 한다.

3) 다양한 면접기술

(1) 환영 및 인사하기

최초 면접에서 사회복지사가 클라이언트를 맞이하고 인사하는 자세와 태도는 면접의 성패를 좌우할 정도로 중요하다. 첫 면접에 임하는 클라이언트는 불안과 두려움 혹은 면접에 대한 불신을 가질 수 있다. 그러므로 클라이언트를 편안하고 따뜻하게 맞이하는 것이 중요하다(이영호, 2014). 인사는 개인의 선호도 및 문화적 영향, 신체적 접촉에 대한 개인적 경험을 고려한 자연스러운 방식이 클라이언트가 편안함을 느끼게 하는 데 도움이 된다. 날씨, 혹은 기관에 오는 과정의 어려움과 같은 비공식적인 대화로 면접을 시작하는 것도 좋다. 또한 사회복지사의 전문가로서의 분명한 자기소개와 확신을 심어 주는 것은 클라이언트의 불안이나 두려움을 완화시키고, 사회복지사를 신뢰하는 데 도움이 된다.

(2) 적극적 경청

적극적 경청(active listening)은 클라이언트의 말뿐만 아니라, 클라이언트의 행동 등 신체적 언어까지도 모두 관찰하고 듣는 과정에서 클라이언트의 말을 이해하고 공감하는 것을 의미한다(고수현, 2017). 적극적 경청을 통해 사회복지사는 클라이언트가 지금 하고 있는 이야기의 내용만을 잘 듣는 것이 아니라, 클라이언트가 이야기한 사건 속의 감정을 들여다보고, 클라이언트의 의도, 관점, 견해를 파악할 수 있게 된다(장수미 외, 2017).

표 8-3 적극적 경청의 태도

- 내적 태도: 존중, 수용, 공감 등
- 외적 태도
  - 클라이언트를 향해서 앉고, 개방적인 자세를 취한다.
  - 때때로 상대방을 향해 몸을 기울여 앉는다.
  - 시선을 통한 접촉을 적절히 한다.
  - 주의를 기울여 끝까지 듣는다.
  - 이야기를 들으면서 적절히 고개를 끄덕인다.
  - "그래서요?" "그렇군요." "음, 저런!" 등과 같이 클라이언트의 말에 맞장구치는 반응을 보인다.
  - 클라이언트의 감정을 파악하여 공감하고 기분을 알아준다.
  - 클라이언트가 화난 이야기를 할 때 말을 가로막지 않고 충분히 마음을 털어놓도록 침묵으로 지켜본다.
  - 관심 어린 질문이나 재진술 등을 한다.

출처: 노성덕(2013).

(3) 반영기술

반영은 적극적 경청 기법의 하나로, 클라이언트의 말이나 행동에서 표현된 기본적인 감정이나 생각 및 태도를 사회복지사가 새로운 말로 부연하여 해 주는 것을 말한다. 반영기술은 내용반영, 감정반영, 결합적 반영으로 구분할 수 있다. 내용반영은 클라이언트가 말한 내용을 부연하고 다시 클라이언트에게 표현하는 것을 의미한다. 내용반영에서 전형적인 도입문구는 "당신은 ~을 말하고 있군요." 혹은 "내가 정확하게 이해하고 있다면 당신은 ~하다는 것 같군요." 등이다. 감정반영은 클라이언트의 감정이나 비언어적 의사소통을 다시 한번 재음미해 주는 것을 포함한다. 감정반영에서는 주로 "당신은 ~(클라이언트가 가지고 있거나 표현한 말 속에 들어 있는 감정을 나타내는 적당한 단어)을 느끼시는군요." 등을 사용할 수 있다. 결합적 반영은 클라이언트가 말하는 내용, 감정, 생각, 의미를 혼합하여 직접적이거나 간접적으로 표현하는 것에 대해 반응하는 것으로 적극적 경청과 공감적 의사소통의 완벽한 형태이다. 주로 "당신은 ~을 느끼시지만, ~이라고 생각하시는군요." 등을 사용할 수 있다.

[내용반영 예시]

- 학생: (약간 못마땅한 어투로) 제가 이번 달 몇 차례 지각한 거 말고는 오늘 제가 왜 상담을 받게 되었는지 잘 모르겠는데요.

- 학생이 말한 내용을 가장 잘 반영하는 사회복지사의 응답은?
  ① 왜 선생님에게 상담을 받으라고 한지는 알 텐데…….
  ② 지각이 문제되고 있다고 생각하는구나.
  ③ 지각에 대한 이야기를 함께 해 봐야 할 것 같구나.

[감정반영 예시]

- 클라이언트: 제가 할 수 있는 게 뭐죠? 돈도 없고, 기술도 없고, 도와줄 사람도 전혀 없는데, 뭔가 하긴 해야겠는데 뭘 해야 될지 모르겠어요.

- 클라이언트가 느끼는 감정을 가장 잘 반영하는 사회복지사의 응답은?
  ① 지금 혼란스러운 거 같네요.
  ② 희망을 포기하신 거 같네요.
  ③ 그 모든 게 두렵겠네요.

[감정과 의미 반영 예시]

- 학생: 저는 학기말 고사를 형편없이 쳤는데, 이번 학기 동안 나름대로 열심히 노력을 했지만 결과는 이렇게 되어 버렸습니다. 정말 허탈하고 화가 납니다.
- 사회복지사: ______________________________

____

출처: 이영호(2014).

(4) 명료화기술

명료화기술은 클라이언트의 말 속에서 불확실하거나 모호한 내용을 찾아 클라이언트가 더 명확하게 말하도록 격려하고, 클라이언트가 말한 것에 대해 사회복지사가 이해했음을 입증하기 위한 기법이다. 예를 들어, "~라고 말할 때 구체적으로 무엇을 뜻합니까?" "~에 대해서 더욱 자세하게 이야기할 수 있습니까?"라고 명료화를 위한 질문을 사용할 수 있다.

- 클라이언트: 아버지와 저는 사이가 좋지 않습니다. 오랫동안 그래 왔지요. 나는 이런 관계가 좋지 않습니다.
- 사회복지사: ____
____

출처: 이영호(2014).

(5) 해석기술

해석은 클라이언트가 미처 깨닫지 못하고 있는 자신의 문제를 이해할 수 있게 해 주는 기법이다. 클라이언트의 메시지와 행동 사이의 관계를 파악하고, 클라이언트가 다른 견해를 가지고 자신의 행동을 검토하면서, 클라이언트의 동기화가 필요할 경우에 사용되는데 이를 위해 사회복지사의 통찰력이 요구된다. 사회복지사는 때로 해석한 내용을 공유하지 않는 것이 더 좋을 수도 있다. 즉, 클라이언트가 자기 힘으로 사회복지사가 해석한 내용에 도달하기까지 기다려 주는 것이 필요하다.

(담배를 끊으려고 몇 주 동안 금연 프로그램에 참여해 온 남성인데 계획한 일 중 하나도 해내지 못했다)

- 클라이언트: 시간이 없어서 만들라고 하신 기록 프로그램을 못했는데 어떡하죠? 생각은 했는데 그 카드를 구할 수가 없었어요.

- 사회복지사의 적합한 해석기술은?
  ① 지금까지 진행상황을 보니 정말 담배를 끊겠다는 준비가 아직 안 된 거 같아요. 끊을까 말까 생각 중인 단계에 있으신 거 같아요.
  ② 할 생각이 있었는데 카드를 구할 수 없었다니 믿기 어렵네요. 담배를 끊고 싶으시면 정말 노력하셔야 합니다.
  ③ 담배 끊는 것을 중요하게 여기지만 시간이 더 필요하신 거 같네요. 매주 만나기보다 2주에 한 번씩 만나는 게 좋을 거 같아요.

출처: 장수미 외(2017).

(6) 직면기술

직면이란 클라이언트의 행동, 사고, 감정에서 나타나는 어떤 불일치나 모순을 깨닫도록 하는 것으로, 클라이언트의 성장이나 문제해결을 방해하는 심리적 방어를 이해하고 긍정적인 태도를 촉진하는 데 목적이 있는 기술이다. 직면기술은 성급하게 시도하기보다는 클라이언트와의 라포형성과 보조를 맞추어 활용할 때 효과적이다.

- 클라이언트: (방금 전 비싼 옷을 샀다는 말을 하고) 이번 달 집세를 어떻게 낼지 진짜 걱정이에요.
- 사회복지사: ______________________________
____

출처: 장수미 외(2017).

(7) 질문기술

질문기술은 클라이언트와의 면접에서 필요한 정보를 수집하고 면접의 초점을 바로잡기 위해 중요하다. 너무 많은 질문은 클라이언트에게 혼란을 주고 너무 적은 질문은 클라이언트에게 부담을 줄 수 있다. 따라서 클라이언트의 속도에 맞추어 적절한 시점에서 적절한 양의 질문이 이루어져야 한다.

질문의 유형에는 클라이언트가 예, 아니요로 대답할 수 있는 폐쇄형 질문과 클라이언트가 주관적으로 자유롭게 대답할 수 있도록 하는 개방형 질문이 있다. 개방형 질문이 사회복지실천 면접에서는 더 효과적인 질문으로 사용되지만 상황에 따라서는 폐쇄형 질문이 더 적절하거나 효과적일 수 있다. 최초의 면접이나 첫 만남에서는 개방형 질문을 주로 사용하는 것이 좋다.

표 8-4 면접 시 피해야 할 질문유형

- **"왜?"로 시작되는 질문**: 클라이언트를 비난하거나 공격하는 뉘앙스를 주기 때문에 클라이언트가 방어적 태도를 취하게 된다.
- **유도형 질문**: 클라이언트의 솔직한 답변이 아니라 사회복지사가 의도하는 방향으로 클라이언트의 응답을 이끌어 가려는 방식이다.
- **중첩 질문**: 동시에 여러 가지 질문을 하는 형식으로 질문의 초점이 흐려져서 클라이언트가 피상적으로 대답하거나 일부분의 답만 하게 된다.

• **모호한 질문**: 상황에 벗어나거나 대명사를 많이 사용하는 질문을 할 때 발생한다. "당신에 대해 말씀해 주세요."라고 하는 것보다는 "당신의 장단점에 대해서 말씀해 주세요."와 같은 표현처럼 질문은 구체적일수록 좋다.

출처: 엄명용 외(2015); Hepworth & Larsen(1986).

(8) 관찰기술

관찰은 단순히 보는 것(seeing)이 아니라, 목표지향적 행위로 클라이언트가 이야기하는 것과 동시에 이야기하지 않는 것 그리고 언행에 숨겨진 의도를 해석할 수 있도록 각별히 관심을 가지고 살펴보는 것을 의미한다. 클라이언트의 신체적 표현, 몸의 긴장, 얼굴의 변화, 땀 흘리는 것, 떠는 것, 흥분하는 모습, 낙담하는 모습, 사회복지사와의 거리 등을 통찰력을 가지고 이해해야 한다. 사회복지사는 관찰기술을 통하여 조사, 진단, 치료의 과정을 구체화하고 과학화한다.

표 8-5 면접 시 관찰이 필요한 주요 사항

• **시작하는 말과 종결하는 말**: 클라이언트가 처음 자기 문제를 설명하는 과정에서 시작하는 말은 문제를 보는 시각이나 원조에 대한 태도가 반영된다. 종결하는 말은 면접의 의미를 함축하거나 자신의 문제해결능력을 나타낸다. 따라서 클라이언트가 무슨 말로 시작해서 마무리하는지 잘 살펴봐야 한다.
• **대화 중 주제 바꾸기**: 클라이언트가 대화 중에 말하기 곤란하거나 회피하고 싶은 주제가 나오게 되면 갑자기 화제를 바꾸기도 한다. 그것은 자신을 드러내고 싶지 않다는 표현일 수 있으므로 사회복지사는 이에 유의해야 한다.
• **반복적인 언급 내용**: 클라이언트는 강조하고 싶은 내용을 반복적으로 이야기하게 되므로 그 내용을 주의 깊게 듣는다.
• **일관적이지 않은 내용**: 클라이언트의 말이 모순되거나 의미가 불분명할 수 있는데 이는 클라이언트가 가지는 양가감정, 혼란, 죄책감 등으로 인한 결과일 수 있다.
• **침묵**: 침묵은 화제 전환과 마찬가지로 주제가 자신에게 위협적이라고 느끼거나 말하기 곤란하다는 것을 나타낼 수 있다. 침묵의 다른 의미에 대해서도 탐색이 필요하다.
• **비언어적 표현**: 클라이언트의 면접 중 자세, 표정, 음성고저, 눈맞춤 등 비언어적 표현은 클라이언트의 감정에 대한 중요한 단서가 된다. 클라이언트의 언어적 표현과 비언어적 표현이 일치하지 않을 경우, 비언어적 표현에 주의를 더 기울여야 한다.

출처: 최세영, 이장욱(2023).

(9) 침묵의 활용

면접에서 침묵도 무언의 메시지가 전달되는 의사소통과정이다. 클라이언트의 침묵은 다양한 의미를 지니기에 사회복지사는 상황에 따라 각기 다른 의미를 잘 파악하는 것이 필요하다. 클라이언트가 자신의 생각을 정리하여 표현하기 위해 사용하는 간단한 침묵의 경우는 사회복지사가 인내를 가지고 조용히 침묵을 지키는 것이 좋다.

침묵이 길어지는 경우는 클라이언트의 비언어적 행위를 정확히 파악하여 침묵의 의미에 따라 다음과 같이 진술하게 대응하는 것이 적절하다(엄명용 외, 2015).

- **대답하기 힘든 질문에 클라이언트가 적절한 답을 찾지 못하고 있는 경우**: "제가 힘든 질문을 드린 것 같군요. 지금 현재 어떤 생각과 어떤 감정이 느껴지는지 말씀해 주시겠습니까?"
- **답을 하기에 감정이 격해 있어서 침묵이 길어지는 경우**: "감정이 북받쳐 말씀하시기가 곤란한 것 같군요. 서두르지 마시고 편안해지면 말씀해 주세요. 저는 들을 준비가 되어 있습니다."
- **면접상황에 불만을 가진 저항의 의미로 침묵이 길어지는 경우**: "혹시 대화를 이어 가기가 거북하신가요? 우리가 나누는 대화나 상황 가운데 불편한 것이 있으신지요?"

제9장

사회복지실천기록

- 사회복지실천기록은 사회복지사의 실천에 대한 책무성(accountability)을 증명하는 자료이기에 사회복지사의 기록기술이 중요하다. 사회복지현장실습을 통해 실습생은 실습일지를 포함하여 다양한 실습업무를 문서화하는 기록활동을 하고, 이를 토대로 슈퍼비전이 이루어지기에 기록은 실습생의 성장도구가 될 수 있다.
- 이 장에서는 사회복지실천기록의 목적과 내용, 기록의 원칙과 관련 윤리, 기록의 유형과 특성을 살펴본다.

1. 기록의 목적과 내용

2. 기록의 원칙과 관련 윤리

3. 기록의 유형과 특성

1. 기록의 목적과 내용

사회복지실천기록(social work recording)은 "클라이언트와 관련한 정보, 문제, 진단, 개입계획, 치료과정, 클라이언트의 상황에 영향을 미치는 사회적 · 경제적 · 건강 요인, 의뢰 또는 종결을 위한 절차와 관련한 파일을 작성하고 보관하는 일련의 과정"(Barker, 2014)으로 정의된다. 요약하면 사회복지실천기록은 클라이언트에게 서비스를 제공하기 위한 사회복지사의 일련의 업무를 문서화하는 활동이다(박미진, 현안나, 2020).

사회복지실천기록은 사회복지사의 실천의 근거이자 평가 및 점검의 도구로서 사회복지 전문직의 임상적 · 윤리적 · 법적 책무성을 충족하는 기능을 하기에(Ames, 1999; Reamer, 2005), 중요한 실천기술의 하나이다. 사회복지실천기록에 대한 교육은 사회복지사의 기록 및 문서작성에 대한 역량을 향상시키고, 궁극적으로 서비스 질 향상에 기여하는 것으로 나타난다(Leon & Pepe, 2010). 실습생은 사회복지현장실습 과정에서 실습일지를 포함한 다양한 업무문서를 작성하는 훈련을 거치므로 사회복지실천기록은 실습생에게 성장의 도구가 된다.

이 절에서는 사회복지실천기록의 목적과 사회복지실천기록에 포함되는 내용들에 대해서 살펴본다(조윤희, 2003; 황인옥, 2023).

1) 기록의 목적

첫째, 기록은 사회복지실천에 대한 책임성을 확보한다. 사회복지사는 기관과 클라이언트, 지역사회에 대해 법적이고 윤리적인 책임성을 가지고 자신들이 제공하는 서비스나 개입에 대해 기록하고 설명하며 평가함으로써 전문직을 수행하게 된다.

둘째, 기록은 클라이언트와 그 가족, 보호자 및 대리인에게 정보를 제공해 준다. 기록된 정보의 개방 및 공유는 클라이언트의 알 권리의 존중 및 보장이라는 측면에서 중요하다. 최근에는 클라이언트나 가족이 기록된 정보를 알기를 원하는 사례가 증가하고 있어서, 사회복지사는 클라이언트와 정보를 공유한다는 것을 염두에 두고 기록해야 한다.

셋째, 기록은 개입과정 및 서비스 과정을 점검하고 평가하는 데 사용된다. 기록을 토대로 하여 실천과정을 점검하고, 서비스의 효과성을 지속적으로 평가할 수 있다.

넷째, 기록은 서비스의 연속성을 유지하는 데 기여한다. 직원의 휴가, 부서의 재배치, 사직, 이직, 혹은 돌발적 상황으로 인하여 클라이언트가 다른 사회복지사나 다른 기관으로 의뢰될 때, 기록은 현재까지의 진행 과정을 파악할 수 있게 하여 지속적이고 연속적인 서비스의 제공을 가능하게 한다.

다섯째, 기록은 클라이언트에 대한 이해를 증진시킨다. 사회복지사는 기록을 통해서 클라이언트의 욕구를 파악하고 개입 방향을 설정하는 데 도움을 받는다. 클라이언트는 자신에 대한 기록을 보거나 기록과정에 참여하면서 자신에 대한 이해를 높일 수 있다.

여섯째, 기록은 전문직 간 의사소통을 촉진하고 협조체계를 구축하는 데 도움을 준다. 다양한 전문직이 함께 일하는 사회복지실천현장에서 기록은 학제 간의 원활한 의사소통을 가능하게 하며, 협조체계를 구축하는 데 도움을 준다.

일곱째, 기록은 학생, 실습생, 초보 사회복지사들에게 사회복지실천과정을 가르치는 교육과 슈퍼비전의 도구로 활용된다. 실습지도교수, 실습지도자, 기관의 슈퍼바이저들이 실습생 혹은 초보 사회복지사들이 작성한 기록을 읽고, 피드백을 제공하면서 교육하고 지도 및 훈련시킬 수 있다.

여덟째, 기록은 다양한 근거자료로 활용된다. 프로그램 예산 확보와 기관의 프로그램 수행 등 사회복지실천활동의 입증 또는 기금조성을 위한 근거자료로 활용된다.

아홉째, 기록은 서비스의 질을 관리하고 조사연구를 위한 자료로 활용된다.

마지막으로, 효과적인 사례관리에 기여한다. 서비스나 개입에 대해 문서화함으로써 서비스의 중복이나 누락을 막아 효과적으로 사례를 관리할 수 있다.

표 9-1 사회복지현장실습기록의 목적

- 실습생과 실습지도자, 실습동료가 서로 소통할 수 있는 방법이 되며, 다른 실천가와 실습생의 협력에 대한 정보를 제공할 수 있다.
- 실습기록이 반영적 실천(reflective practice)을 위한 자료가 된다. 실습생은 실습기록을 통해 자신의 실천과정과 결과를 점검하고 보완점을 정리하는 시간을 가질 수 있다.
- 실습기록은 실습생의 실천에 대한 책임성을 증진시키고, 사회복지실천의 전문성을 향상시킬 수 있다.
- 실습기록은 실습생의 업무과정을 가르치기 위한 교육자료가 된다. 실습생은 기록을 통해 체계적인 학습의 기회를 제공받고 실습지도자는 실습생의 서비스 실천과정에 대해 구체적인 지도를 할 수 있다.
- 실습기록은 클라이언트의 욕구확인과 활용 가능한 자원 등 클라이언트에 대한 깊이 있는 이해를 증진시키는 데 도움이 된다.

- 실습내용뿐만 아니라 기관이나 사업에 대해 분석하고 평가하여 기관운영에 간접적으로 기여할 수 있다.
- 실습기록은 실습활동에 대한 평가의 근거로 활용된다.

출처: 김정은(2023); 박용오(2022).

2) 기록의 내용

첫째, 클라이언트에 관한 인구학적 정보를 기록한다. 클라이언트의 이름, 주소, 생년월일, 교육수준, 직업, 결혼상태, 가족 구성 등과 같은 인구학적 내용을 기록한다.

둘째, 클라이언트의 문제와 상황에 대한 정보를 기록한다. 클라이언트의 문제나 욕구를 역사적이며 생태학적인 맥락에서 이해하기 위해 클라이언트의 사회력(social history)을 기록한다. 사회력은 현재 클라이언트와 클라이언트를 둘러싼 상황을 이해하는 데 적합한 개인적 · 대인적 · 사회적 · 환경적 정보와 중심문제가 포함된 내용이다.

셋째, 자원과 제약을 기록한다. 클라이언트의 문제와 욕구에 대한 개입을 위해서 필요한 이용 가능한 공식적 · 비공식적 자원을 기록한다. 또한 지역사회 자원의 부적합성이나 자원 접근에 따른 장애요소도 기록해야 한다.

넷째, 사회복지사의 사정을 기록한다. 사정은 클라이언트의 문제상황에 대한 종합적 분석 및 평가과정으로, 클라이언트의 욕구와 제약뿐만 아니라 강점과 자원도 검토하여 기록에 포함시킨다.

다섯째, 서비스의 시작과 종결까지의 전 과정을 기록한다.

- 서비스를 개시하는 방법과 이유
- 서비스 목적
- 서비스 계획
- 서비스 특성
- 서비스 재검토
- 서비스 종결의 방법과 이유
- 서비스 활동과 결과에 대한 요약

여섯째, 사후지도 내용을 기록한다.

2. 기록의 원칙과 관련 윤리

2023년 5차 개정된 한국 사회복지사 윤리강령은 기록의 원칙과 기록된 정보에 대한 관리 내용을 구체적으로 제시하고 있다. 클라이언트에 대한 윤리기준에 '기록 · 정보관리' 규정이 포함되어 있는데, 기록이 중립적이고 객관적으로 작성되어야 하며, 클라이언트에 대한 문서 및 전자 정보, 기타 민감한 개인정보를 보호해야 함을 제시하고 있다(한국사회복지사협회, 2023).

이 절에서는 한국 사회복지사 윤리강령의 기록 및 정보관리 규정과 함께 사회복지실천의 기록 원칙, 기록 관련 윤리를 살펴본다(장수미 외, 2017; 최세영, 이장욱, 2023; 최소연, 2019; 한국사회복지사협회, 2023; 황인옥, 2023).

1) 기록의 원칙

① 클라이언트가 말한 내용과 사회복지사의 관찰에 기초하여 기록한다.

Q. 두 기록의 차이를 살펴봅시다.	
클라이언트는 중도장애인으로 아직까지 장애수용이 완벽하게 이루어지지 못하고 있고 이에 따라 심리적으로 위축되어 있음	클라이언트는 2024년 교통사고로 하반신 마비가 됨. 사고 이후 외출을 거의 하지 않고 있으며 사람을 만나는 것이 두렵다고 함

② 상황이나 사건에 대한 사실 중심으로 기록하되, 사회복지사의 판단이나 전문적 견해는 분리해서 기술한다.

Q. 두 기록의 차이를 살펴봅시다.	
어르신은 냄새가 나며 자기관리를 잘하지 못함	어르신은 씻지 않아서 옷과 몸에서 냄새가 남 → 클라이언트는 위생과 청결 부분에서 관리를 못하고 있음

③ 클라이언트의 상황에 대한 주관적인 느낌이나 감정은 배제하고 사실 중심으로 기록한다. 사회복지사가 느끼는 안타까움, 아쉬움 등의 개인적 감정을 사실과 함께 기록하는 것은 사회복지사가 클라이언트의 상황에 대해 정서적으로 관여되고 있는 징후이다.

Q. 두 기록의 차이를 살펴봅시다.	
건강이 안 좋음에도 손자녀를 양육하기 위해 평소 폐지를 주워서 팔고 계시는 것은 안타까운 일임	클라이언트는 건강이 좋지 않다고 함. 손자녀를 양육하기 위해 폐지 수집을 하고 있다고 함

④ 가치중립적으로 기록한다. 클라이언트의 상황에 대해 사회복지사의 개인 가치가 반영되지 않도록 한다.

Q. 두 기록의 차이를 살펴봅시다.	
아들은 어르신에게 용돈을 주고 있으나, 딸은 전혀 용돈을 주고 있지 않음	클라이언트에게 아들은 용돈을 주고 있으나 딸은 용돈을 주고 있지 않음

⑤ 애매모호한 단어나 문구 사용을 피하고 구체적으로 기록한다. 특히 시간, 빈도의 표현과 관련하여 '오랫동안' '수차례' 등의 모호한 표현이 아니라 '2개월' '일주일에 1회' 등으로 정확하게 기록한다.

Q. 다음 기록에서 수정이 필요한 부분은 어디입니까?	
클라이언트는 장기간 관리비가 체납되어 심리적으로 매우 고통스럽다고 함. 어르신은 냄새가 나며 자기관리를 잘하지 못함	
클라이언트는 과거에는 잘살았으나 현재는 기초생활수급비를 받고 있다고 함	

⑥ 한 문장이 너무 길지 않도록 간결하고 명료하게 기록한다. 또한 각기 다른 문제의 상황은 분리하여 체계적으로 기록한다.

Q. 다음 문장을 바람직하게 수정해 봅시다.	
클라이언트는 학교가 남부지역에 있어 대중교통을 이용하여 다니자니 하루에 4시간을 거리에서 보내야 하고, 그러다 보니 몸도 마음도 지쳐서 1학년 때처럼 학교기숙사 생활을 하자니 공부에 전념할 수가 없어서 결국 학교 근처에서 자취를 하고자 계획함	

⑦ 대명사나 수식어를 사용하지 않는다. '이것' '저것' '이 사람' 등과 같은 대명사는 클라이언트 상황에 대한 이해를 흐리게 할 수 있다. 또한 '전혀' '매우' 등과 같은 수식어는 클라이언트가 자신의 상황을 묘사하기 위해 사용한 경우는 기록하되 사회복지사의 수식어 사용은 클라이언트의 상황을 왜곡시킬 수 있다.

Q. 다음 문장을 바람직하게 수정해 봅시다.	
클라이언트는 위암이며 그것으로 가족이 경제적으로 어렵게 되었다고 함	
아내의 지병으로 인해 경제적 · 정서적 부담을 매우 크게 느끼고 있음	
기초생활수급비로 생활하다 보니 단돈 1,000원도 저금을 할 수 없는 환경임	

⑧ 속어, 약어, 특수문자 등의 사용은 하지 않도록 하며, 맞춤법에 어긋나는 표현이 없도록 주의한다.

⑨ 기록내용은 최신의 내용을 유지한다.

⑩ 기록자를 명확하게 하기 위해 기록자는 기록자료에 서명한다.

⑪ 기록을 정정할 경우는 지우거나 덧칠하지 않고, 밑줄을 긋고 빨간펜으로 정정하고 서명한다.

⑫ 면접 중 기록은 최소한으로 줄인다. 면접이 이루어지는 동안 계속적으로 기록에 치중하면 클라이언트는 사회복지사가 자신에게 관심이 없다고 느낄 수 있고, 면접 진행에 방해가 될 수 있다. 간단한 메모 및 기록이 필요한 경우는, 클라이언트에게 "메모를 해도 괜찮을까요? 알려 주신 정보는 매우 중요해서 정확히 들었는지 확인하고자 합니다."의 말로 양해를 구한다. 면접 후 공식 기록 후 메모는 폐기하도록 한다.

⑬ 면접이 끝난 후, 미루지 않고 그때그때 신속하게 기록한다. 혹은 잊어버리기 전에 간단하게라도 빨리 메모해 두는 습관을 가진다. 시간이 경과되면 기억이 희미해져서 사실이 왜곡될 가능성이 있다.

2) 기록 관련 윤리

① 클라이언트에게 기록의 목적과 이유에 대해 충분히 설명하고, 이에 대해서 클라이언트의 동의를 얻어 기록한다.

② 클라이언트의 사적인 생활이나 비밀스러운 행동 등 민감한 정보는 자세하게 기록하지 않으며 일반적 용어로 기술한다.

③ 녹음이나 녹화를 하는 경우는 반드시 사전에 허락을 구하고, 시작하고 나서 진행 중이라도 중간에 클라이언트가 불편해하거나 거부의사를 표현하면 중단한다.

④ 클라이언트의 사적 정보가 노출되지 않도록 한다. 특히 면접이나 회의 중에 사례기록을 방치해 두거나 일과 중 책상 위에 펼쳐 두어 아무나 볼 수 있게 해서는 안 되며, 일과를 마치면 기록을 제대로 보관하고 퇴근해야 한다.

⑤ 사례기록은 반드시 잠금장치가 있는 곳에 보관하고 기록파일에 빈번히 접근해야 하는 사람만이 잠금장치를 열 수 있도록 한다.

⑥ 전산화된 기록은 암호장치를 두어 합법적 권한을 가진 사람만이 접근하도록 한다.

⑦ 사회복지현장실습기록은 클라이언트의 인권보호와 사생활 보호 차원에서 철저한 비밀보장이 지켜져야 한다. 따라서 실습생은 기록의 보관, 파기 등의 과정에서 정보가 유출되지 않도록 각별한 주의를 기울여야 하며, 교육의 목적으로 학교와 기관 간에 기록을 공유할 수 있으나 이 경우에도 클라이언트의 개인정보 노출은 충분한 논의가 이루어질 필요가 있다.

3. 기록의 유형과 특성

사회복지실천기록의 유형과 양식은 기관의 특성, 서비스의 유형, 목적 등에 따라서 달라진다. 기록유형에는 과정기록, 요약기록, 문제중심기록, 컴퓨터와 표준화된 기록, 복지정보 시스템을 이용한 기록 등이 있다. 본 절에서는 과정기록, 요약기록, 문제중심기록의 특징과 장·단점에 대해서 살펴본다(유학수, 2009; 이영호, 2014; 황인옥, 2023).

1) 과정기록

과정기록은 사회복지사가 클라이언트와의 상호작용을 그대로 세밀하게 기록하는 방식이다. 즉, 클라이언트의 이야기, 클라이언트의 행동 등 사회복지사가 클라이언트를 보고 듣고 관찰한 언어적/비언어적 활동 모두를 기록한다.

과정기록은 사회복지현장실습생이나 직원교육에서 유용하게 사용할 수 있는 장점이 있다. 슈퍼바이저가 기록내용을 보면서 실습생의 능력을 전반적으로 파악할 수 있고, 효과적으로 기법들을 활용할 수 있도록 구체적으로 지도할 수 있다. 따라서 과정기록은 실천기술을 지도하고 배울 수 있는 중요한 도구가 된다. 또한 사회복지사가 자신의 면접과정과 실천행동을 분석함으로써 과정기록은 사회복지사의 자기인식과 자아 활용 정도를 향상시키는 데 기여한다. 과정기록의 단점으로는 기록하는 데 시간과 노력이 많이 소요되고, 기록이 불완전하고 왜곡된 정보를 제공할 가능성도 있다는 점이다.

표 9-2 과정기록의 예

<table>
<tr><th>면접내용</th><th>사회복지사의 느낌 및 분석</th></tr>
<tr><td>사회복지사(W): 안녕하세요? 이곳에 앉으세요. 오시느라 많이 힘드시지요.</td><td rowspan="9">머뭇거리는 클라이언트의 태도에서 문제와 관련된 클라이언트의 걱정과 두려움을 짐작할 수 있었다. 주저하는 마음을 좀 더 공감적 반응을 통해 반영하면서 침묵하는 시간을 기다려 주는 태도가 필요했던 것 같다.</td></tr>
<tr><td>클라이언트(C): (머뭇거리며) 네, 괜찮았어요.</td></tr>
<tr><td>W: (미소 지으며) 너무 어려워 마시고 마음 편하게 가지세요. 어떤 점이 힘드셔서 오셨어요?</td></tr>
<tr><td>C: (고개를 숙이며) ……</td></tr>
<tr><td>W: 말을 꺼내기 어려우신 게 당연하지요. 하지만 여기까지 용기 내서 오신 걸 보면 저와 대화를 나누고 싶은 마음이 있으셔서 오신 거지요? (침묵) 많이 어려우면 제가 몇 가지 간단한 질문부터 할까요?</td></tr>
<tr><td>C: (작은 목소리로) 네.</td></tr>
<tr><td>W: 그럼 지금 대학생이신가요?</td></tr>
<tr><td>C: 네, 근데 휴학했어요. 1년 됐어요.</td></tr>
<tr><td>W: 그러시군요. 그럼 지금은 주로 어떻게 지내시나요?</td><td rowspan="2">개방형 질문을 통해 클라이언트의 상황을 보다 폭넓게 탐색할 수 있었다.</td></tr>
<tr><td>C: 거의 집에서 지내요. 휴학한 후로 잠깐 아르바이트를 하긴 했는데 지금은 일도 안 다니고 거의 밖에 나가지 않아요.</td></tr>
</table>

출처: 장수미 외(2017).

2) 요약기록

요약기록은 가장 흔히 사용되는 기록유형이다. 사회복지사례의 폭증, 활동과정보다는 결과에 대한 관심의 증폭 등 사회복지현장의 변화와 요구를 반영하여 기록의 구조를 단순화할 필요성이 대두되는 배경 속에서 나타난 기록방식이다. 시간의 경과에 따라 일정한 간격을 정하여 기록하거나, 특정 행동이나 사실 등의 기록이 필요할 때 주제별로 작성할 수 있다. 세부적인 면접내용을 제외하고 중요성에 근거하여 취사선택한 정보를 바탕으로 클라이언트 변화에 초점을 맞추어 정확하고 요점적으로 기록하는 것이 특징이다. 초기면접, 의뢰, 사례종결에서 주로 사용되고 있다.

표 9-3 요약기록 예

2024년 5월 20일 오전 10시 클라이언트(고○○, 30세, 여)와의 개별면담

- **제시된 문제**: 클라이언트는 어젯밤 남편이 술에 취한 상태에서 언쟁하다가 남편이 발로 차서 넘어지면서 탁자에 허리를 부딪혀 다쳤다. 이로 인해 현재 허리통증과 함께 걸음걸이가 불편하다. 남편이 술만 취하면 아내를 구타하며 점점 이런 일이 심해지기 때문에 본 기관에 도움을 요청하기로 결심하였다.
- **가족기능**: 클라이언트는 결혼한 지 7년 되었으며, 고졸 후 다니던 직장에서 남편을 만나 결혼하였다. 아이(5세, 남)가 하나 있다. 남편(대졸, 35세)은 8개월 동안 실직상태에 있다가 남편의 친척이 운영하는 작은 사업체에서 일하고 있다. 결혼 후 6개월 때 언쟁 후 따귀를 맞은 것이 처음 폭력을 당한 경험이고, 실직 이후 남편의 음주와 폭력이 증가하였다. ……(중략)…… 클라이언트는 나가서 일을 하고 싶어도 특별한 기술이 없고 아이도 어려서 아직은 엄두를 못 낸다.
- **현재 상태에 대한 클라이언트의 인식**: 클라이언트는 가끔 이혼을 생각해 보았으며, 오늘은 더욱 강하게 든다고 한다. ……(중략)…… 클라이언트는 당분간 집에 들어가고 싶지 않으며, 쉼터에는 가고 싶지 않고, 짐을 싸서 친정 언니네 집에 가 있을 계획이다.
- **사정**: 클라이언트는 어젯밤의 구타사건으로 정서적으로 혼란된 상태로 보인다. 그러므로 본 접수면접에서 많은 정보를 얻기보다는 위기개입으로 당장 필요한 조치 및 정서적 지지 제공에 주력하였다. ……(중략)…… 남편의 사회경제적 스트레스가 부부문제에 영향을 끼치는 것으로 보이고 남편 역시 도움이 필요하므로 개입이 필요하다고 사료된다. ……(중략)…… 클라이언트는 '매맞는 아내'가 보이는 정서적 증상을 가지고 있을 가능성이 있으므로 당분간 집중적 지지 개입이 필요할 것으로 보인다. 또한 「가정폭력방지법」을 비롯하여 주변의 지원체계에 대한 지식이 전혀 없으므로, 이에 대한 지식이 필요하다.
- **계획**:
  - 내일 다시 클라이언트와 면담하여 개입을 계속할 것이다.
  - 남편과 연락하여 면담을 약속할 것이다(클라이언트도 동의하였음).
  - 클라이언트를 본 기관과 연계되어 있는 법률 상담소와 연결시킬 것이다.

출처: 윤현숙(2002).

요약기록의 장점은 사례가 장시간 지속될 경우 유용하며 시간에 따른 변화나 과정을 기록하기가 쉽고, 사회복지사가 중요하다고 판단한 것을 선택하여 기록할 수 있는 융통성이 있다는 것이다. 단점은 사회복지사의 재량에 상당 부분 의존하기에 내용이 지나치게 단순해서 초점이 명확하지 않을 수도 있다는 것이다. 또한 사회복지사의 기록능력이나 기록에 투자되는 시간에 따라 기록이 질이 좌우될 수 있다는 단점도 있다.

3) 문제중심기록

문제중심기록은 보건의료분야 등 학제적 접근을 하는 영역에서 주로 사용하는 기록 유형이다. 현재 문제를 중심으로 문제영역을 명확히 규명하고 사정하며, 각 문제에 대해 무엇을 할 것인지 개입계획을 세우고, 그 진행과정을 기록한다. 문제중심기록은 목표가 문서화뿐만 아니라 정보교환에 있기 때문에 다른 전문직과 함께 일하는 데 효과적이다. 문제중심기록은 SOAP 기록방법을 사용하는데 구체적인 내용은 다음과 같다.

- S(subjective information, 주관적 정보): 클라이언트의 자기보고에 근거한 것으로 클라이언트의 자신의 상황에 대한 인식과 느낌에 대한 기록
- O(objective information, 객관적 정보): 전문가의 직접적 관찰, 임상적 실험, 체계적인 자료수집 등에서 얻어진 정보의 기록
- A(assessment, 사정): 주관적 정보 및 객관적 정보의 검토를 통한 전문가의 분석
- P(plan, 계획): 전문가가 특정한 문제를 제기하거나 해결하는 방법

표 9-4 문제중심기록 예

우울장애 대학생의 약 복용 거부, 등교 거부,
어머니와의 갈등 문제에 따른 가정방문상담

- S: 퇴원한 지 세 달이 지났는데 이제는 약을 안 먹어도 잘 지낼 수 있고, 엄마가 나를 좀 더 이해해 주면 다 괜찮아질 것이라고 생각함
- O: 클라이언트는 외출도 거의 안 하고 집에서만 생활하며, 약 복용과 관련해 어머니와 계속 갈등상태임. 현재 가정방문한 담당자에게 협조적이고 의존적인 태도를 보이나 수동적으로 묻는 말에 대답하는 편이며, 모든 문제를 어머니 탓으로 미루고 있음
- A: 약 복용을 중단한 이후 치료에 부정적 반응을 보이면서, 자기관리 의욕도 부족한 것으로 보임. 어머니의 양가적 태도가 클라이언트와의 갈등을 야기하며, 약 복용의 중요성과 가족의 지지 및 대처와 관련한 교육적 접근이 요구됨
- P: 클라이언트와 어머니를 대상으로 약물교육을 실시하고, 어머니에 대한 정서적 지지와 함께 지원체계로서의 역할수행의 필요성을 인식시킬 계획임

출처: 장수미 외(2017).

문제중심기록의 장점은 기록이 간결하고 구조화되어 있어서 타 전문직과의 의사소통을 촉진하고, 협업을 원활하게 해 준다는 것을 들 수 있다. 단점은 클라이언트의 강점, 욕구, 자원보다는 문제를 강조함으로써 사회복지실천의 관심 폭을 한정할 수 있다는 것을 들 수 있다.

제10장

문서작성

- 사회복지현장실습 기간 동안 실습생이 받는 스트레스 중 실습활동 내용에 대한 스트레스가 실습환경, 슈퍼바이저와의 관계, 클라이언트와의 관계보다 높은 것으로 나타났다(강희숙 외, 2008).
- 이 장에서는 사회복지현장실습에서 작성하게 되는 실습생 출근부, 실습일지, 기관분석보고서, 중간평가서 작성방법에 대한 내용을 숙지하고 실습에 임할 수 있도록 한다.

1. 실습생 출근부
2. 실습일지
3. 기관분석보고서
4. 실습중간평가서

1. 실습생 출근부

1) 개요

실습생 출근부는 실습기간 동안 매일의 출퇴근시간을 그대로 기록하는 것이다. 실습생 출근부에 기록된 출근시간과 실습일지 시간이 일치되어야 한다. 아침 9시에 출근하여 저녁 6시에 퇴근하면 그 시간은 총 9시간이다. 9시간에는 점심시간 1시간이 포함되어 있으므로 이를 실습시간에서 제외하면 총 8시간이 실습시간으로 인정된다. 결국, 실습시간이 1일 8시간이라면 식사시간(1시간 제외)을 포함하여 9시간을 실습해야 한다(최세영, 박경수, 2021).

표 10-1 출근부 작성 시 유의사항

① 출퇴근시간을 표시하고, 퇴근 시 실습생 및 실습지도자가 확인하며, 지각, 조퇴, 결근 시 그 사유를 함께 기록한다.
② 실습일지에 실습생 서명과 지도자 서명이 있는데 본인이 먼저 하고 지도자에게 퇴근 전에 서명을 받아 놓아야 한다.
③ 실습시간을 기록할 때는 식사시간을 제외하여야 한다.
④ 출근부와 실습일지는 서로 비교 검증하는 내용이 많으므로 관심을 가지고 꼼꼼하게 작성하는 데 세심한 노력을 기울여야 한다.

2) 양식

성명: 긴급연락처: 전자우편:

월 일	출근시간	퇴근시간	실습생 확인	실습지도자 확인	지각, 조퇴, 결근 여부	사유

• 지각, 조퇴, 결근 시 그 사유를 함께 기록함

그림 10-1 실습생 출근부

출처: 최세영, 박경수(2021).

2. 실습일지

1) 개요

실습생은 실습일지를 매일 작성하며, 당일 일과 후 또는 익일 실습지도자에게 제출하면 실습지도자가 검토 후 서명한다. 실습일지 내용으로는 실습일자, 요일, 시간을 기재하고 시간대별로 진행내용과 세부사항을 작성한다. 실습생 의견란에는 실습내용을 토대로 배운 점, 의문사항, 건의사항 등을 작성하며, 실습지도자 의견란에는 실습지도자가 실습생이 기록한 내용에 대한 의견을 작성한다.

실습일지 작성을 통해 실습생이 실습시간에 어떤 업무를 수행하였는지 혹은 어떤 경험이나 관찰을 하였는지 모니터링할 수 있다. 또한 실습생 자신의 장점, 부족한 점을 객관적으로 인식할 수 있고, 실습지도자에게는 실습업무 수행활동에 대한 실습생의 반응을 파악할 수 있는 기회가 된다. 기관 업무수행의 문제점에 대해 발전적 제언을 함으로써 기관 운영에 직간접적으로도 기여할 수 있다.

실습생은 실습이 진행되는 동안 모든 내용을 기록으로 남겨야 한다. 실습일지는 하루 동안 일어나는 모든 진행 상황을 빠짐없이 기록해야 한다. 시간대별로 모든 활동을 직접수행, 관찰, 휴식시간, 교육 등의 내용으로 기록하고 공식적인 실습지도 시간 전에 반드시 실습지도자에게 제출한다. 실습일지는 사회복지현장실습의 계획, 준비, 실시와 일련의 상황에 대한 기록을 통해 성찰하는 시간을 갖도록 하는 기록장이라고 할 수 있다.

2) 작성방법

실습일지는 공식문서이므로 줄임말, 약자, 인터넷 용어 등의 사용은 피하고, 전문적인 용어를 사용하되 맞춤법 등 문서 양식에 신경 써서 작성해야 한다. 또한 클라이언트의 개인정보가 유출되지 않도록 주의해서 기록해야 한다. 실습일정에 대한 실습생 개인의 감정이나 주관적 의견을 지양하고, 실습과정에서 배운 점과 느낀 점을 긍정적이고 성장한 것에 초점을 맞추어 기록한다(홍나미 외, 2023).

(1) 실습일정

실습일정은 시간에 따라 간단하게 요약하여 기재하되, 실습생 출석부와 일지 회차, 출퇴근시간이 일치하여야 한다. 실습시간은 실습생의 식사시간 1시간을 제외하고 1일 8시간 이하, 최소 4시간 이상이어야 인정된다. 만약 식사시간에 클라이언트의 식사지도를 한 경우에는 일정에 식사지도로 기록하여야 한다(홍나미 외, 2023).

(2) 실습내용

자신이 수행한 업무를 구체적이고 사실적으로, 최대한 객관적으로 기록한다. 실습내용 기록 시 사실(fact)을 중심으로 기록하며 자신의 느낌이나 추측, 평가, 개인의 감정이나 주관적 의견, 느낌 등은 지양하고 실습과정에서 자신이 배운 점과 느낀 점을 실습생 소감란에 기록한다. 가능한 한 전문용어를 사용하여 기록하며 정확한 표현을 위해 단어 선택에 유의해야 한다.

클라이언트에 대한 비밀보장을 위해 클라이언트 이름을 머리글자로 표기하거나 가명을 사용한다. 프로그램에 보조진행자나 관찰자로 참여했을 때 프로그램 지도자의 진행 방법 및 과정 등을 자세히 기록한다. 매일 반복되는 일과를 기록하는 데 급급하기보다는 실습경험을 통해 발전한 점, 추후 학습해야 하는 부분들이 잘 드러나도록 기록한다. 실습지도자의 슈퍼비전 내용도 구체적으로 기록한다.

(3) 실습생 의견

기관의 정책이나 서비스의 양적 · 질적 수준, 프로그램의 내용, 물리적 환경 수준, 급식 및 간식 등에 대해서 평가한다. 실습을 수행하면서 느낀 점이나 의문점에 대해 제시한다. 실습경험을 통해 배운 점과 느낀 점을 구체적으로 제시한다. 사회복지사로서 윤리적 딜레마를 경험한 경우 상황을 정확하게 기록하고 실습생의 대처방법을 제시하여 이에 대한 슈퍼비전이 이루어질 수 있도록 한다. 실습 중 직면하게 된 문제점이나 불만사항, 어려움 등을 지적할 경우에는 비심판적 태도에 근거하여 중립적이고 공손한 문체로 기록한다. 클라이언트에 대한 통찰력 있는 접근이나 의도적 개입에 대해서도 명료하게 기록하고 이에 대해 스스로 평가할 수 있어야 한다. 슈퍼비전을 통해 배운 내용을 실무에 적용했을 경우 이를 상세히 기록한다. 사실에 기초하여 기록하되 발전적으로 기록한다. 실습수행 경험에 대해 부정적인 것보다는 긍정적인 것과 성장한 것이 드러나도록 기록한다.

표 10-2 실습일지 작성 기본 원칙

① 작성하기 전에 메모하고 간결하게 정리하여 누가 읽어도 이해할 수 있도록 기록함
② 매일 작성하고 특별한 지시가 없는 한, 다음 날 아침 실습기관의 실습지도자에게 제출함
③ 실습내용 작성 시 시간대별로 실습한 내용을 사실적으로 기술하고, 개인 일기장이 되지 않도록 주의하여야 함
④ 형식에 구애됨 없이 관찰했던 것과 체험했던 것, 느꼈던 것을 각색하지 않고 있는 그대로 빠짐없이 기입해야 함
⑤ 개인의 창의력을 가능한 한 반영할 수 있도록 함
⑥ 한국사회복지사협회가 권장하는 양식을 사용하나 일반적으로 학교에서 실습일지를 제공하는 경우가 많음
⑦ 클라이언트에 대한 사적생활 등 실습일지에 기록하기에 적합하지 않은 내용은 기록에서 빼고 필요한 경우 구두로 실습지도자에게 보고함
⑧ 다른 실습생이 기록한 실습일지나 다른 분야 전문가 양성과정에서 기록한 일지 등을 참고하여 사회복지실습을 한 단계 수준 높게 작성하도록 지속적으로 강구함
⑨ 실습지도자로부터 지적받은 사항은 다음 실습과 실습일지 작성에 반영하여 발전된 모습을 보임

표 10-3 실습일지 작성 시 잘못된 표현과 올바른 표현

구분	표현	내용
평가	잘못된 표현	• 지각하였다. 그러므로 슈퍼바이저에게 지적당했고, 난 할 말이 없어 시키는 대로 과묵하게 청소만 하였다.
	올바른 표현	• 배우는 자세에 소홀함이 있었다. (자기반성적 고찰) • 무엇 하나라도 열심히 배우려는 자세가 필요함을 절실히 느끼는 하루였다. (구체적인 목표를 설정)
가정방문	잘못된 표현	• 오늘 순이 할머니와 돌이 할아버지의 만남을 주선하였다. 두 분이 이상형이셨는지 연신 입가에 미소가 번졌고 나는 자기효능감이 상승하는 기분이었다.
	올바른 표현	• 홀로 되신 어르신의 정서지원 서비스를 제공하여 드렸다. 그랬더니 우울감을 나타내던 어르신의 만족도가 향상되는 것을 관찰할 수 있었다. (클라이언트가 원하는 것, 필요와 만족도의 개연성을 구체적으로 표현) • 나는 그것을 바탕으로 어떠한 정서지원 서비스를 구체적으로 준비해야 하는지에 대한 설계를 할 수 있어서 무언가 몸소 체득한 시간을 가지게 되어 좋았다.
관찰	잘못된 표현	• 오늘 아이들 간식으로 요구르트와 과자가 나왔다. 보기엔 조금 허름해 보였지만 아이들은 연신 즐거운지 맛나게 먹었다.

<table>
<tr><td></td><td>올바른 표현</td><td>• 성장하는 아이들의 발육증진을 목적으로 하루에 한 번 간식을 제공하였다. (건강증진을 목적으로 실시, 원인에 구체성을 제시)
• 언제나 천진난만한 아이들이 아무런 걱정 없이 건강하게 자랄 수 있도록 영양공급과 체력증진 서비스를 병행하여 실시한다면(제3의 변수를 도입하여 결과에 영향을 주는 방향성) 시너지 효과를 상승시킬 수 있다고 생각한다. (타당성이 있는 구체적인 결론을 이끌어 내도록 문장을 완성)</td></tr>
<tr><td rowspan="2">교육</td><td>잘못된 표현</td><td>• 실습 때문에 기관에 온 지 며칠이 되어도 무언가 가르쳐 줄 생각도 없는 관계자들 때문에 청소만 열심히 하였다. 무엇을 하자는 건지 잘 모르겠다.</td></tr>
<tr><td>올바른 표현</td><td>• 상황에 맞는 자원을 최대한 활용하여 무엇을 해야 하는지 구상하는 시간을 가져보고(적극적인 자세 표현), 그것에 대한 평가를 좀 더 구체적으로 더 배우고 싶었다. (배우고자 하는 의지)
• 슈퍼바이저님 및 관계자 분들과 긴밀하고 적극적인 상호작용(역량강화 및 환류) 속에서 이용자 분들의 욕구에 대한 접근도를 높이기 위한 방법을 배우고 싶다. (교육받는 위치에서의 노력)
• 기관에 있는 자원을 어떻게 써야 하는 건지 구체적인 방법도 듣고 싶다. (자원활용 방법 모색)</td></tr>
<tr><td rowspan="2">개입</td><td>잘못된 표현</td><td>• ○○ 할머니는 치아가 없어서 음식을 먹다가 자꾸 뱉어 내어 더러워서 혼났다. 이건 뭐 매번 턱받침 해 드리고 앞치마 해 드려야 하니 귀찮아 죽겠다.</td></tr>
<tr><td>올바른 표현</td><td>• 어르신의 결손된 치아로 인해 소화력이 더딘 분들을 위한 종합 케어식으로 영양밸런스를 맞추어 식단을 짜고 치아 결손으로 인해 소화를 못 시키는 욕구 충족을 위한 노력(종합 케어식으로 영양밸런스를 맞춤)을 기울였다.</td></tr>
</table>

출처: 김정은(2023).

3. 기관분석보고서

1) 개요

사회복지기관에 대한 이해를 통해 사회복지기관의 구조 및 운영에 대해 이해하고, 실습을 통하여 기관이 제공하는 복지서비스에 대해서 이해하게 된다. 기관분석보고서 작성은 실습 초기에 실습기관 업무를 파악하는 데 유용한 작업이다. 실습을 시작한 후 일주일 이내로 작성해서 보고하는 것이 바람직하다. 기관분석보고서 작성을 통해 실습기관에 대한 적극적인 이해가 가능하다. 사회복지서비스는 지역사회에 대한 이해가 없이는 그 욕구에 대응하는 서비스가 불가능하며, 기관의 여건과 목적에 따라 좌우되기 때문이다. 실습 시작 전, 기관에 대한 이해를 위해 검토하였던 자료들을 바탕으로 기관으로부터 주어진 자료들을 잘 활용하고 세심한 노력을 기울여 작성하도록 한다.

2) 작성방법

기관홍보지, 홈페이지, 실습지도자에게서 다양한 정보를 얻어 작성하면 어려움 없이 작성할 수 있다. 실습기관에 따라 예산과 같은 민감한 항목은 실습지도자의 동의를 얻어 작성해야 한다. 기관분석보고서에는 기관의 역사, 목적, 설립이념, 주요 사업과 프로그램, 운영과 행정, 지역사회 연계 등이 포함된다. 실습생은 실습 시작 전에 기관 선정 단계에서 수집했던 다양한 정보와 기관에서 제시되는 자료를 토대로 작성한다. 홈페이지, 홍보물, 기관의 연간보고서, 프로그램 안내지, 기관에서 발행하는 각종 보고서 등을 참고하여 작성한다.

기관의 설립동기 및 설립목적은 클라이언트에 대한 기관의 사명을 이해할 수 있을 뿐 아니라 기관이 추구하는 사업도 알 수 있다. 기관의 주요 사업 및 프로그램은 실습생이 주로 하는 실습내용에 관한 부분이므로 사업내용과 평가를 명확히 작성해야 한다.

① **기관의 역사**: 기관 설립동기 및 설립목적, 미션과 비전, 기관 사업의 역사적 변천, 기관 역사에 대한 실습생의 평가
② **주요 사업**: 클라이언트 및 대상 지역 분석, 주요 사업과 특징, 서비스 전달체계, 기관의 대상층 및 주요 사업에 대한 실습생의 평가
③ **기관의 행정사항**: 기관의 조직구조, 예산, 후원 및 지원사항, 기관의 행정구조와 예산 사용 및 후원에 대한 실습생의 평가
④ **기관이 속한 지역사회, 물리적 환경의 특징**: 지역사회 현황과 자원 및 시설환경 제시
⑤ **사회복지기관으로서 지역 내 타 기관들과의 연계**: 관계 유형 및 내용, 타 기관과의 관계유지에 대한 실습생의 평가
⑥ 기관의 특별한 면이나 전반적인 사항에 대한 인상이나 느낌을 작성

3) 예시

〈실습기관 분석보고서〉

실습생명		기관명	서귀포시서부종합사회복지관
기관주소	제주특별자치도 서귀포시 대정읍 신영로 23 (우)63507 (전화: 064-792-0164)		

1. 기관의 역사

1) 기관 설립동기 및 설립목적

- 서귀포시서부종합사회복지관은 서귀포시청이 설립주체가 되고, 사회복지법인 한기장복지재단(한국기독교장로회)이 운영법인이 되어 2017년 5월 8일 설립되었다. 2017년 3월 6일부터 2026년 12월 31일까지 위탁되었다.
- '지역주민과 함께 만들어 가는 이웃사랑 공동체'를 지향하고 있으며, "이웃이 많아지는 세상을 꿈꿉니다."라는 표어를 주제로 삼고 있다.

2) 기관 주요 연혁

연도	내용
2017	• 개관(관장 석건) • 한국사회복지관협회 및 제주도사회복지관협회 회원기관 가입 • 장애아동재활서비스 치료실 개소 • 대정읍지역사회보장협의체 협력사업 공동모금회 '건강한 여름나기 사업 수행'
2018	• 서귀포시청 경로장애인과 '무료경로식당 운영'사업 위탁 운영 • 제주신화월드 업무협약(가족나들이, 단체나들이, 특식제공, 멘토사업 참여 등) • 서귀포시청 주민복지과 특화사업 지원 '행복한 우리가족사업'
2019	• '행복한 우리가족사업' 진행(장애아동치료, 조기선별검사, 적응 프로그램 등) • 대정읍, 안덕면 지역사회보장협의체 희망캠페인사업 수행(밑반찬지원사업, 집수리지원사업, 독거노인요리교실, 좋은이웃들 등) • 느영나영 행복한 어린이마을시장 진행
2020	• 비대면사업 실시(사회교육, 인문학, 사례관리 등) • 제주도사회복지관협회 이동복지관 가파도 주관 수행

	• 단기사회사업 수행 다섯 가지 활동 진행(한여름돗자리영화제, 슬기로운모녀생활, 행복한집들이, 어르신나들이, 어르신집들이)
2021	• 지역사회통합돌봄 공유 공간 조성 • 지역사회통합돌봄 우수사례 선정 • 복지관 재위탁
2022	• 설맞이 생활복지운동 진행 • 대정읍, 안덕면 희망나눔캠페인 사업 수행(밑반찬지원사업, 주거환경개선사업, 좋은이웃들, 방학돌봄교실 등) • 공유 공간 복지부 차관 방문 • 복지관 평가 진행 • 제주도의회 보건복지안전위원회 공유 공간 방문

2. 기관의 목적

서귀포시서부종합사회복지관은 이웃사랑 공동체를 실현하고자 한다. 이웃사랑 공동체란, 돕고 나누는 관계가 다양하고 풍성해지는 지역사회, 남녀노소 빈부강약 모두가 함께하는 지역사회이다. 이를 위해 지역주민의 가능성을 듣고, 지역주민이 할 수 있는 복지를 제안하며, 복지서비스가 필요할 때 거드는 방법으로 일하고 있다.

3. 기관의 주요 사업 및 프로그램

1) 클라이언트 및 대상 지역

- 본 기관은 서귀포시 대정읍과 안덕면 지역사회와 주민들을 주 대상으로 삼고 있다. 두 지역은 전부터 사람들이 모여 살던 마을들로, 역사가 깊은 지역이다.
- 대정읍은 모슬포항을 끼고 있으며, 13개 리 및 2개의 섬(가파도와 마라도)을 포함하고 있다. 2012년 기준 17,196명이 거주하고 있으며, 모슬포를 중심으로 어업이 발달되어 있고, 평탄한 지형에 밭농사를 주로 짓는다. 특히 마늘 농사를 많이 짓는 것으로 파악되었다. 모슬포항을 주변으로 관광지화 되어서 관광산업(숙박업, 회센터 등)도 활발히 이루어지고 있다. 기관은 대정읍에 위치하고 있다.
- 안덕면은 대정읍의 동쪽에 위치하고 있다. 11개 리를 포함하고 있고, 2012년 기준 9,642명이 거주 중이며, 밭농사 위주로 농업이 진행되고 있다. 산방산이 위치하고 있으며, 안덕계곡과 용머리 해안, 화순해수욕장, 소인국테마파크, 오설록, 제주조각공원 등의 관광명소가 자리잡고 있다.

2) 주요 사업

- 사업은 사례관리사업, 서비스제공사업, 지역조직화사업의 총 세 가지로 분류된다. 그 외에 기타 프로그램을 추가 운영하고 있다. 2018년 기준 사례관리사업 8개, 서비스제공사업 18개, 지역조직화사업 17개를 실시하여, 총 43개의 사업을 진행하였다. 당시의 이용 현황을 살펴보자면, 사례관리사업 5,986명, 서비스제공사업 29,017명, 지역조직화사업 13,744명으로, 총 48,747명이 사업에 참여하였고, 1일 평균 164명의 주민이 이용한 것으로 산술적인 계산을 통해 확인해 볼 수 있었다.

(1) 사례관리사업

- 생계, 주거, 의료, 교육, 고용, 법률 등의 다양한 문제와 욕구 해결을 위해 지원 또는 협력이 필요한 지역주민을 대상으로 사례 발굴, 사례개입, 자원연계, 네트워크 구축, 통합사례회의를 실시한다.
- 구체적으로 밑반찬 지원, 건강약품 지원, 주거환경개선, 다문화가족지원(가족나들이, 가족사진 촬영, 자녀학습지원), 난방비 지원, 이웃사랑 캠페인 등을 펼친다.
- 당사자와 가족, 지역사회가 마을 사람으로서 좋은 관계를 유지할 수 있도록 한다. 또한 당사자와 지역사회에서 강점을 찾고 이를 활용하여 다양한 어려움을 해결한다. 그리고 당사자가 주인되는 삶을 누릴 수 있도록 함께 고민하고 실천한다.

(2) 서비스제공사업

지역주민 모두가 함께하는 지역사회를 위해 지역주민의 필요를 바탕으로 다양한 복지 서비스 및 프로그램을 개발하고 운영한다.

아동 문화여가 프로그램	발레, 탁구, 토요프로그램, 어린이 나눔+경제 교육
심심풀이 방학계획	방학 동안 다양한 여가 문화생활을 지원
멘토멘티 프로그램	1:1 멘토링, 음악, 미술, 학습, 문화여가 생활
성인 사회교육 프로그램	지역주민 누구나 참여 가능한 교육, 문화, 여가 프로그램
우리마을청춘학교	노인의 여가 문화 활동을 지원, 건강체조, 실버댄스, 민요, 노래, 탁구
장애아동을 위한 프로그램	우크렐레 음악교육, 단체나들이
경로식당 무료급식서비스	만 65세 이상 기초생활수급자, 차상위계층, 일반저소득 노인을 대상으로 무료 식사 제공

(3) 지역조직화사업

지역 안에 돕고 나누는 주민 관계가 풍성해지도록 한다. 주민이 주민의식을 가지고 지역사회활동을 할 수 있게 지역주민이 할 수 있는 복지를 제안하고 그 일이 잘 이루어지도록 조력한다.

사업설명회(떡잔치)	기관소개, 운영방안, 사업방안 설명, 질의응답
마을모임지원사업	지역 내 공통의 목적을 위해 자발적으로 모인 자조모임을 돕고 지원
청소년 자기주도 활동	동아리 '뭐하잼', 동네방네, 자원봉사학교
이동복지관	복지사각지대에 있는 도서지역 주민에게 다양한 복지서비스를 제공
그림책 만들기	세대가 함께 마을 책을 만들고 교류하여 지역의 역사, 이야기 등을 보존
마을시장	어린이마을시장, 야시장, 바자회를 통해 이웃이 어울릴 수 있는 장을 마련
미리크리스마스	크리스마스를 구실로 다양한 이웃 간 관계를 맺고 연말연시 이웃사랑 나눔에 동참

(4) 기타 프로그램

- 자녀양육에 어려움을 겪는 부모와 자녀를 지원하는 프로그램을 실시한다.
- 재활치료(개별인지치료/그룹인지치료), 사회적응 프로그램(일상생활능력, 자기표현능력, 관계기술능력 향상을 위한 다양한 프로그램 진행), 부모교육(자녀양육에 필요한 다양한 정보를 제공/공유, 부모 자조모임)을 실시한다.

3) 서비스 전달체계

사례발굴을 통한 사례관리의 경우를 제외하고는 모두 당사자의 신청을 통해 서비스가 전달되기 시작한다. 사례관리사업과 기타 프로그램은 사례관리팀이, 서비스제공사업과 지역조직화사업은 복지사업팀이 분담하여 진행한다.

(1) 사례관리사업 진행과정: 전화 또는 방문(상담 요청) → 초기상담 → 이용자 선정 → 서비스 계획 수립 → 협약 → 서비스 실행 → 점검 및 평가 → 서비스 종료 → 사후관리

(2) 그 외 복지관 프로그램 진행과정: 전화 및 방문 접수 → 신청서 작성 → 이용 안내 → 상담 → 프로그램 이용

4) 기관의 대상층 및 주요 사업에 대한 실습생의 평가

본 기관은 종합복지관으로서 지역사회와 주민을 대상으로 한 사업과 더불어 사회적 약자들을 돌보는 사회복지의 전통적인 역할까지 모두 아우르고 있다. 모든 사업의 방향은 당사자가 스스로 주인이 되는 삶을 살도록 하는 것, 이웃 공동체를 이루는 것이다. 따라서 기관은 단순히 자원을 주기

만 할 뿐 아니라 당사자들이 직접 프로그램에서 주도적이고 자주적인 역할을 해낼 수 있도록 교류의 장을 만드는 역할을 주로 담당하고 있다. 기관은 복지 사업의 전반적인 틀은 제공하지만 그 안에서 스스로 누릴 수 있도록 하기 위해 기관이 기존에 가지고 있던 '베푸는' 입장에서 취했던 자리를 내려놓으며 목적을 향해 힘쓰고 있었다.

4. 기관의 행정사항

1) 기관의 조직구조

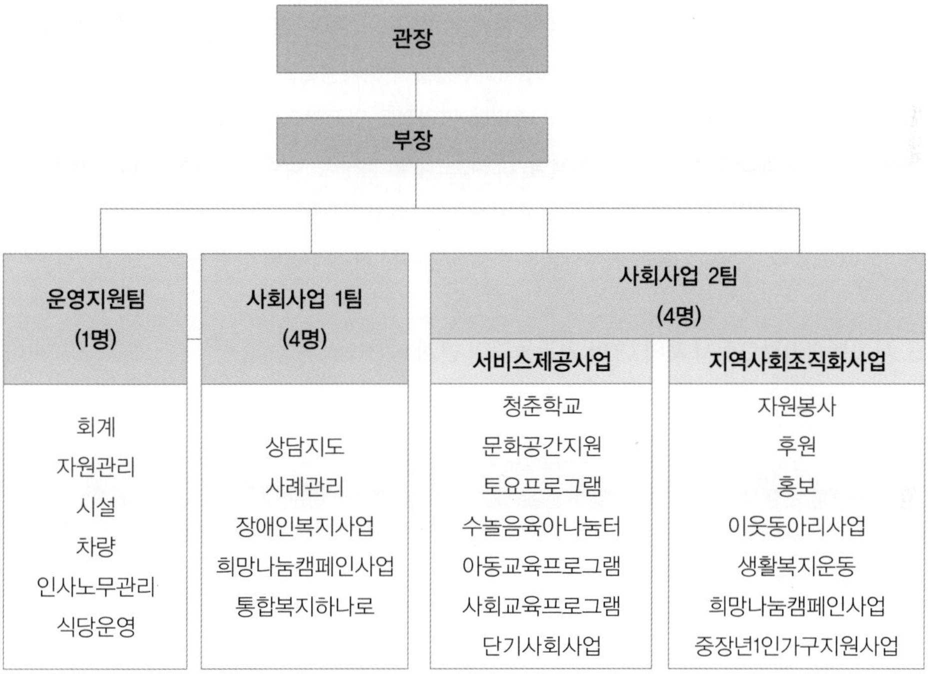

2) 기관의 행정구조와 예산 사용 및 후원에 대한 실습생의 평가

적은 인원이지만 팀을 나누어 편성한 점으로 인해 각각의 사업이 더욱 전문적으로 진행될 수 있다는 점에서 장점을 가지는 것으로 보인다. 세출의 결산율이 모두 100%를 넘지 않도록 관리되고 있으며, 후원금품에 있어서도 대부분 사업비로 쓰이고 있는 것으로 보아 예산 사용에 있어서 지역주민들의 신뢰를 얻을 수 있을 것으로 보인다. 앞으로도 다양한 사업을 진행할 수 있을 것으로 기대해 본다.

5. 기관이 속한 지역사회, 물리적 환경의 특징

1) 지역사회

- 농어업과 관광산업이 주로 이루어지고 있는 지역이다. 과거에는 농어업 위주로 살아가는 지

역이었고 적은 인원이 살고 있었지만, 지금은 올레길, 모슬포항 등을 중심으로 관광산업이 더욱 활성화되고 더 많은 사람이 모이게 되면서 주변에 사는 사람들을 모두 알고 지내는 정도의 시골 마을의 모습은 볼 수 없었다.

- 인구는 적은 편이지만, 다른 농어촌지역에 비해 아동 인구와 중년층 인구의 비율이 높다. 농어업뿐 아니라 관광산업(숙박업, 음식점 등)도 겸하기 때문에 직장생활을 하는 사람들에 비해 비교적 자유롭게 시간을 활용할 수 있어서 많은 사람이 기관을 이용하고 있다.

2) 물리적 환경(시설, 공간 등)

앞에는 바닷가가, 뒤에는 산이 한 지역에 함께 위치하고 있으며, 그 외의 지역은 넓은 평지로 이루어져 있다. 도서관이나 체육공원과 같이 지역주민들이 여가생활을 누릴 수 있는 공공시설이 잘 마련되어 있다. 도로가 대부분 깔려 있고 슈퍼나 편의점도 있지만 지역주민들이 5일장을 많이 이용하고 있다. 카페나 패스트푸드점, 목욕탕, pc방, 노래방, 당구장, 다양한 음식점 등 여러 서비스를 누릴 수 있는 지역이다. 관광지를 중심으로 관광객이 다니는 공간과 지역주민들이 지내는 공간이 분리되어 있었다. 지역주민들은 지역주민이 주로 이용하는 가게와 길이 따로 공유되고 있었다.

6. 사회복지기관으로서 지역 내 타 기관들과의 연계

1) 관계 유형 및 내용

협약기관	협약내용
대정읍사무소	대정읍 '행복바람' 지원 사업 업무협약
서귀포시독거노인복지서비스: one-stop 지원센터	독거노인복지서비스 제공 업무협약
안덕면행정복지센터	'믿음과 희망이 함께하는 안덕면 만들기' 추진을 위한 업무협약서
안덕면지역사회보장협의체	
제주보호관찰소	사회봉사 집행 협력기관 인증서

출처: 서귀포시서부종합사회복지관 실습생 작성 자료.

4. 실습중간평가서

1) 목적 및 필요성

초기에 설정했던 목표와 중간 시점에서 어떤 차이가 있는가를 비교하여 실습생의 발전정도를 평가할 수 있다. 사회복지실습의 목표는 예비사회복지사로서 필요한 구체적인 지식과 기술 습득 및 가치관을 형성하도록 설계되어야 하고 실습의 전반적인 과정은 그 목표를 달성할 수 있도록 기획되어야 한다(강홍구, 2010). 실습중간평가서는 실습생의 학습동기를 강화시키는 역할을 한다. 실습중간평가는 실습 초기에 세운 목표에 따라 실습이 진행되고 있는지에 대해 실습생 스스로 점검하고 평가하는 데 그 의미가 있다. 실습생은 실습에 따른 긴장과 두려움, 실습환경, 실습지도자를 포함한 다양한 관계와 수행과업에서 오는 스트레스를 느끼고, 실습 후에는 실습만족 및 역량부족으로 인한 좌절감을 느끼기도 한다(배진형, 김희수, 안정선, 2014; 심경순, 2013). 중간평가를 통하여 이런 부분들을 다루어 줄 때 향후 실습을 긍정적으로 진행하는 데 도움을 줄 수 있다. 실습지도자와 동료실습생, 기관 종사자들의 피드백을 통해 실습생이 성장한 점과 추후 노력해야 할 부분을 확인하여 실습 종결 시점까지 자신의 성장을 위해 구체적으로 노력할 수 있다. 또한 실습과정을 통해 받는 스트레스를 해소하지 못하면 전반적으로 실습에 대한 만족감을 떨어뜨려 사회복지사의 정체성 및 직업관에도 부정적 영향을 미칠 수 있어(정무성, 조해영, 2009) 실습을 통한 스트레스에 대한 부분도 중간평가서에 함께 작성하도록 한다.

표 10-4 중간보고

① 실습기관에서 실습 중반 시점에서 실습보고회를 통해 이루어짐
② 실습보고회는 실습생 위주로 전반적인 내용을 준비하고 발표 형태로 진행됨
③ 슈퍼바이저는 실습생들이 실습중간평가서를 작성하도록 지도함
④ 실습기관의 슈퍼바이저, 사회복지사, 실습생 모두 상호 피드백을 나눔
⑤ 실습생의 목표달성 정도를 점검함
⑥ 이미 달성된 목표가 있는 경우 새로운 목표를 선정할 수 있음
⑦ 보완이 필요하거나 교육 및 학습이 더 필요한 영역에 대해서는 슈퍼바이저와 조율을 통해 방향을 조정하거나 교육을 보충함

2) 작성방법

중간평가 시에는 실습 초기에 계획했던 목표 및 계획에 기초하여 객관적으로 평가한다. 실습생은 중간평가서의 세부항목에 따라 자신이 수행한 역할과 과업을 제시한 뒤 이를 평가하고 종결시점까지 자신이 노력해야 하는 부분을 구체적으로 제시한다. 실습내용 및 역할을 요약할 때에는 실습과정에 따라 자신이 수행한 실습내용과 그에 따른 자신의 역할을 명료하게 구체적으로 기록한다. 기관 및 실습지도자에게 건의할 사항을 제시할 때에는 논리적으로 타당한 점에 대해 최대한 공손한 표현으로 기록한다.

표 10-5 중간평가서 작성방법

① **실습목표와 관련된 실습내용 및 역할에 대한 평가**: 중간평가일 전까지 본인이 수행했던 실습내용 및 역할에 대해 간략히 작성, 본인의 실습에 대해 자기 평가를 하며 작성, 계획란에는 남은 실습기간 동안에 어떻게 실습을 진행할지에 대해 작성
② **실습에 임한 자세 및 노력**: 본인이 사실적으로 실습에 임하는 자세와 실습에 대해 노력했던 모든 점늘을 기록
③ **실습을 통해 배운 점**: 실습을 통하여 본인이 배운 점들을 솔직하게 작성
④ **앞으로 더 필요한 지식과 기술**: 실습과정을 통해 파악한 앞으로 더 필요한 지식과 기술을 작성
⑤ **실습에서 어려웠던 점**: 실습기간 동안 경험한 어려움에 대해 솔직하게 작성
⑥ **기관 및 실습지도자에게 건의할 점**: 실습기관의 실습운영 및 실습지도, 실습일정에 건의사항이 있다면 건의하여 슈퍼바이저와 협의를 통해 양질의 실습지도를 받는 것이 좋음

3) 예시

〈실습중간평가서〉

본 평가서는 실습생 본인이 작성합니다. 서술 양식으로 작성한 뒤 실습지도자와 평가회를 갖는 것이 좋습니다.

실습생명		기관명	
실습기간		실습지도자	
실습 중간평가일		실습지도교수	

1. 실습목표와 관련된 실습내용 및 역할에 대한 평가

1) 수행한 실습내용 및 역할의 요약

(1) 실습생 오리엔테이션 및 교육, 기관 및 지역사회 탐방

(2) 열린 학교(1~4반) 대상 아동복지교육 사랑의 동전모으기 프로그램 계획 후 실시

(3) 사랑의 동전모으기 사후 프로그램 계획 후 실시, 평가

(4) 기관의 업무를 일부 보조하였다.

2) 평가

가정폭력피해 여성, 아동과 개별상담을 하여 심리적 지지와 정보를 제공하였으며, 가정폭력가해자 집단 프로그램에 co-worker로 활동하여 집단 프로그램 준비 및 기록, 프로그램 평가를 하였다.

3) 앞으로의 계획

가정폭력서비스 전달체계보고서, 「가정폭력방지법」에 대한 분석보고서를 작성하면서 막연하게 알고 있었던 가정폭력에 대해 지식을 습득할 수 있었고, 특히 현재 어떻게 서비스가 전달되고 법적으로 어떤 제도가 마련되어 있는지 알게 되었다. 그러나 개별상담에 대해서는 아직 부족하다는 생각이 들었고, 특히 상담기술에 대해 좀 더 구체적으로 이해하고 적절하게 활용할 수 있는 능력을 길러야겠다고 생각하였다. 집단 프로그램을 통해서는 집단의 역동을 직접 관리할 수 있었던 점, 집단 프로그램만이 가지는 긍정적인 영향들을 확인할 수 있도록 공부를 많이 해야겠다.

2. 실습에 임한 자세 및 노력

지금까지는 실습이란 그냥 하면 되는 것이라고 생각하였다. 그러나 막상 중반이 지나고 보니 새로운 나의 모습을 발견하게 되었다. 누구보다도 나 자신에 대해 잘 모르고 있었다는 것과 아직도 의지가 부족하여 지도자가 시키는 것만 하면 된다는 어리석은 자세였다. 앞으로 남은 실습기간을 통해 스스로 하고 싶은 분야에서는 "제가 이렇게 해 보겠습니다." 하고 먼저 하고 싶은 분야를 건의하고자 한다. 아직 지역사회분석보고서를 작성해 보지 않아 지역사회에 대한 정확한 정보, 중요기관, 유관기관들을 돌아보면서 그리고 실습교육을 통해 지역 특성을 여러 사회복지사 선생님으로부터 들으면서 지역사회복지관의 역할이 어떠해야 하는지 좀 더 심도 있게 찾아보고자 한다.

3. 실습을 통해 배운 점

실습교육이 유익하고 재미있었다. 학부 시절에 실습지에서 잘 배우지 못하면 정말 배우기 어려울 것이라는 것을 배웠다. 실습교육을 통해 기관의 구조, 프로그램, 역동 등을 볼 수 있게 되어 좋았고, 무엇보다 사회복지 조직을 좀 더 넓은 시각으로 바라볼 수 있는 기회를 갖게 되어 매우 유익하

였다. 그저 저런 기관들이 있는가 싶었는데 정말 훌륭한 일들을 보이지 않게 그리고 매우 고생을 하면서 하고 있다는 것을 깨닫게 되었다.

4. 앞으로 더 필요한 지식과 기술

MMPI 검사를 통해 새로운 나의 모습을 발견하게 되었다. 누구보다도 나 자신에 대해 잘 모르고 있었다. 앞으로 남은 실습기간을 통해 하고 싶은 분야는 지역사회 분야이다. 아직 지역사회분석보고서를 작성해 보지 않아 지역사회에 대한 정확한 정보, 이해는 부족한 것 같다. 앞으로 중요기관, 유관기관들을 돌아보면서 그리고 실습교육을 통해 지역 특성을 여러 사회복지사 선생님으로부터 들으면서 지역사회복지관의 역할이 어떠해야 하는지 다시 한번 알아보고 싶다. 지역사회복지관이 수행해야 하는 많은 역할 중에 지역사회의 연합과 유대성 증대를 어떻게 하는지 배워 보고 싶다. 그리고 사회복지관이 지역사회의 평등을 항상 의식하고 노력해야 할 필요가 무엇인지를 파악하고 싶다.

5. 실습에서 어려웠던 점

무엇보다 개별적으로 클라이언트를 만나는 것이 정말 어려운 일이라고 느꼈다. 인간관계에 대해서는 어느 정도 자신이 있었는데 상담을 통해 누군가를 만나고 관계를 맺어 간다는 것은 또 전혀 새로운 생각과 자세를 가지고 임해야 한다는 생각이 들었다. 무엇보다 내 안에 상담에 대한 부담스러움과 어려운 마음 때문에 클라이언트를 만나는 데 소극적이게 되는 것 같고 그런 두려움들을 극복해 나갈 필요가 있다고 생각된다.

6. 기관 및 실습지도자에게 건의할 점

너무 편안하게 실습생들을 대해 주시고 이해해 주셔서 감사하게 생각합니다. 특별히 바라는 점은 없지만 보고서, 개별상담에 대한 피드백을 좀 더 자세히 받고 싶습니다.

그림 10-3 실습중간평가서 예시

출처: 박귀영 외(2021).

제11장

실습 종결평가

- 실습종결 단계는 실습기간 동안 학습한 실천 기법과 기술을 정교하고 확고히 하는 단계이다. 클라이언트와의 전문적 관계를 종료하는 연습을 통해 전문적 관계의 경계를 학습하기도 하며, 무엇보다도 사회복지사로서 자신의 강점과 약점에 대한 인식을 통해 자신감을 확고히 하며, 전문직에 대한 정체성을 형성하도록 해야 한다(한국사회복지사협회, 2017).
- 이 장에서는 사회복지현장실습 종결과 관련된 사항과 실습평가를 살펴보고 종결평가서 작성방법을 숙지하도록 한다.

1. 사회복지현장실습 종결
2. 실습평가
3. 종결평가서

1. 사회복지현장실습 종결

1) 종결 시 경험

(1) 클라이언트와의 관계

실습생이 상실과 이별에 대한 자신의 감정에 주의를 기울일 수 있다면, 클라이언트가 이에 대해 갖는 정서적 반응에 대해서도 자유롭게 이야기하고 경청할 수 있게 될 것이다. 종결 주제가 논의될 때 클라이언트는 실망할 수도, 화날 수도, 우울해지거나 슬퍼질 수도 있고, 상처를 받을 수도 있고, 의존적이거나 두려워할 수도, 적대적이거나 배신감을 가질 수도 있다. 실습생은 클라이언트가 어떠한 감정을 갖고 있든 그것을 털어놓고 얘기할 수 있도록 들어주고, 더 얘기하도록 해 주어야 한다. 클라이언트는 자신이 종결에 대해 갖는 경험을 충분히 표현할 권리가 있고, 실습생은 이것이 가능하도록 격려해야 할 것이다.

종결에 대해 클라이언트가 보이는 반응은 이들이 자신의 생활에서 다른 종류의 변화나 이별 시에 보이게 될 반응을 반영한다. 실습생이 종결에 양가적이며 복잡한 감정을 갖는 것처럼 클라이언트도 마찬가지이다. 성취감과 안도감뿐 아니라, 아쉬움과 슬픔(종결의 종류에 따라 버려졌다는 느낌도 가능함)을 경험할 수도 있는 것이다. 클라이언트가 종결에 대해 긍정적인 감정만 보고한다 해도 실습생은 긍정적 감정과 부정적 감정 모두를 다루어 줄 준비가 되어 있어야 한다.

(2) 실습지도자, 직원, 다른 실습생들과의 관계

실습지도자는 종결과정에서 실습생이 겪는 양가감정에 대해 세심하게 살피고 실습생이 종결감정을 충분히 표현할 기회를 주도록 한다. 실습지도자가 보여 주는 종결감정에 대한 적절한 행동은 실습생에게 중요한 모델링의 역할이 된다. 이는 실습생이 클라이언트와의 관계에 대한 종결에서 필요한 기술을 경험하는 기회가 되기도 한다(서진환, 2001). 기관의 직원, 동료실습생들에게도 종결에 대한 감정을 표현할 수 있는 기회를 제공하고, 감사인사 등을 통해 종결을 준비하도록 한다.

실습생과 실습지도자는 모두 실습의 종결에 대해 양가감정을 갖게 된다. 실습을 무사히 마치고 학습과 교육관계를 성공적으로 이루어 낼 수 있었다는 데에 대한 안도감과 동시에, 각자의 생활에서 중요했던 관계가 끝나게 되어 이로 인한 상실감을 경험한다. 실습생이 실습 후에 해당기관에서 임시직을 맡게 되거나 자원봉사 등을 하게 되어 관계의 종결이 일시적으로 연기되기도 하며, 실습지도자와 실습생이 개인적인 친분관계를 지속적으로 유지하여 관계의 종결을 피하기도 한다. 이 경우 관계 유지를 계속하는 이유를 탐색해 볼 필요는 있다.

이와는 달리, 실습생의 실습수행에 대한 평가가 긍정적으로 이루어져 학점을 이수했으나, 실습지도자와 실습생의 관계가 갈등상황에 있고 만족스럽지 않은 채로 실습이 종료될 수도 있다. 실습지도자와 실습생은 각각 이러한 결과에 대해 죄책감과 함께 불만을 가질 수도 있다.

종결 시기가 다가오면서, 서둘러 떠나와서 인사도 제대로 못했다는 느낌을 가지면서 후회하기보다, 실습기관에서 특별히 라포를 형성했던 실습지도자, 직원 혹은 다른 실습생들에게 어떻게 감사와 인사를 전할 것인지 미리 생각해 두고 이들에게 자신의 마음을 전하는 것(예: 감사카드를 보냄, 복지관 소식지에 실습소감을 투고함)은 의미 깊은 관계를 만족스럽게 종결하는 데 중요하다. 실습기관에서는 간단한 다과 파티를 열어 사회복지 전문직으로의 성장에 중요한 과업을 완수한 실습생을 축하하기도 하고, 그동안의 수고에 대한 격려를 하기도 하면서 이별을 공식화하기도 한다.

2) 종결과제

(1) 실습과제 마무리

실습생의 실습과정은 끝났어도 실습생이 만나던 클라이언트의 문제는 해결되지 않았을 수 있고, 담당하던 프로그램은 계속되어야 하는 경우가 있다. 실습생이 수행해 왔던 업무상황을 점검해 보고, 계속적인 서비스가 필요한 클라이언트에 대한 의뢰절차, 종결해야 할 클라이언트에 대한 종결보고 등을 해야 한다. 진행 중이던 프로젝트, 회기가 남은 집단 프로그램 등 업무의 연결이 필요한 부분 혹은 마무리해야 할 부분 등을 각각의 상황에 적절하게 처리한다.

(2) 실습경험 검토

사회복지현장실습은 자격취득을 위한 필수조건을 넘어 예비사회복지사로서 현장을 이해하고 전문성과 정체성을 확립하는 데 있어 가장 핵심적인 활동이다(임진섭 외, 2018). 사회복지현장실습의 주목적은 실습생들로 하여금 사회복지의 전문적 실천능력을 향상하는 것이라 할 수 있다(도향선, 조인주, 2014). 실습생 스스로 실습평가를 통하여 사회복지사로서 자신이 가진 강점과 약점을 파악하고 남은 학업기간의 학습전략을 짜는 데 활용하거나 사회사업 전문직이 본인의 적성과 흥미에 맞는지 판단하는 기회가 되어(김소진, 2021) 진로를 진지하게 판단하게 된다(이오복, 권순애, 2021). 사회복지실습은 기관에서의 경험학습에 기초하고 있기 때문에 실습 성과를 논하려면 학교에서의 실습지도 요소뿐 아니라 기관의 실습요소를 함께 고려해야 한다(강흥구, 2011). 실습기간 동안 각종 행정서류를 포함한 문서작성 경험도 할 수 있어 학교에서 배운 실천지식과 기술을 심화할 수 있고 사회복지교육의 전문성을 증진할 수 있게 된다(장수미, 2011). 학과 수업 중에 배운 보편적이고 추상적인 수준에 있는 지식을 구체적인 전문 지식과 기술로 전환하는 경험을 하게 되고(Bogo & Globerman, 1999: 한주빈, 2010에서 재인용) 전문 사회복지사로서 능력을 검증해 보게 된다(Fortune, McCarthy, & Abramson, 2001). 사회복지현장실습 기간 동안 기관과 학교에서의 경험은 사회복지 전문직의 정체성에 긍정적 영향을 미치는 것으로 나타났다(최은희, 2011). 지식의 적용과 과업 수행을 통한 긍정적인 사회복지실습경험은 전문적인 사회복지사로서 역할을 수행하고 실습생 본인에게 적합한 진로를 결정하며 사회복지사로서 장래계획을 수립할 수 있는 기회를 갖게 된다(배진형, 김희수, 안정선, 2014; 정수경, 2004).

만족스럽고 성취감을 주며 즐거웠던 사건, 활동, 상호작용을 돌이켜 보고, 사회복지실습을 마치면서 사회복지사가 되기 위한 중요한 관문을 통과했다는 성취감을 경험할 수 있다. 실제 사회복지 현장을 경험하며 배우고 실천해 보았으므로, 사회복지 지식 증가, 효과적인 실천기술 향상, 개인적 혹은 전문적 가치의 확인과 명료화, 이론적 틀과 개념의 실제 적용 및 통합과정을 시작해 보았다는 성취감을 경험하게 된다. 실천경험을 통해 자신이 얼마나 모르고 있는지 깨닫게 되고, 배운 기술을 다른 세팅에 어떻게 적용할 수 있을지 의문이고, 장래에 대한 두려움과 나의 능력에 대한 회의가 증가될 수도 있다. 습득한 지식과 기술, 가치를 실습 이전과 구체적으로 비교함으로써 성취한 학습을 평가한다.

종결평가서를 작성하여 실습기관과 실습세미나에서의 종결세션에서 발표하는 것이 큰 도움이 된다. 실습경험을 통해 자신의 생에 대한 개인적 · 전문가적 의미를 되새기게 될 수도 있으며, '왜 내가 사회복지사가 되려 하는가?' '사회복지 전문직이 나에게 맞는가?' '사회복지사로서의 나의 장점과 약점은 무엇인가?' '나에게 맞는 클라이언트 대상이나 문제영역은 무엇인가?' 등 자신의 장래와 관련된 의문에 확신 혹은 이에 더 가까이 접근하는 계기가 될 수 있을 것이다.

표 11-1 실습경험 평가

① 나의 실습경험 중 가장 좋았던 점은 무엇인가?
② 나의 실습경험 중 가장 힘들었던 점은 무엇인가?
③ 나의 실습경험을 한 단어로 표현한다면?
④ 나의 실습경험 중 촬영하였던 사진 중에 가장 인상 깊은 사진은?
⑤ 힘들었던 순간을 어떻게 극복했는지 그리고 동료들의 슈퍼비전은?
⑥ 나의 실습지를 추천하(지 않)겠는지, 그 이유는?

출처: 이원주, 우병훈(2021).

표 11-2 실습생 자기평가

① 왜 나는 사회복지사의 길을 선택하였는가?
② 나는 사회복지사가 되는 것에 만족하는가?
③ 사회복지사라는 직업이 나에게 맞는가?
④ 나는 남을 도와주는 것에 소진되었는가?
⑤ 내가 사회복지 전문가로서 가지고 있는 강점은 무엇인가?
⑥ 나는 사회복지사의 어떤 부분을 즐기지 않는가?
⑦ 사회복지 전문가로서 내가 즐기지 않는 것에 대해 변화시켜야 할 것은 무엇인가?
⑧ 만약 내가 그것들을 변화시킬 수 없다면 나는 그들과 함께 지낼 수 있는가? 혹시 사회복지실천현장에서 나의 능력을 발휘하지 못하지는 않았는가?
⑨ 기관과 내가 실습현장에서 일했던 사람 중에 내가 함께 일하기 좋아하는 사람은 누구인가?
⑩ 내가 더 알아보고 싶은 다른 분야는 무엇인가?
⑪ 혹시 내가 서비스를 적절하게 잘 수행하지 못하는 분야가 있는가?
⑫ 나는 사회복지에 온전히 나 자신을 희생하길 원하는가?
⑬ 긴 안목으로 보거나 단기적으로 보았을 때 내가 가야 할 길은 어디인가(행정, 임상 혹은 전혀 다른 실천분야, 클라이언트에게 좀 더 강화된 개입 혹은 반대의 개입)?
⑭ 사회복지 분야의 다른 특화된 분야에서 훈련을 받거나 다른 자격증을 얻기 위해 교육이나 훈련을 받기를 원하는가?

출처: 오혜경(2015).

2. 실습평가

1) 실습평가의 목적

대부분의 학교와 기관에서는 한국사회복지교육협의회가 제시하는 현장실습평가서를 활용하여 실습평가를 하고 있다(장혜경, 유영준, 2008). 실습평가는 실습을 통하여 학교교육 목적의 구현과 실습교육 목표의 달성 정도를 평가하고, 앞으로의 학습이나 훈련이 필요한 영역을 발견하고자 하는 것이다. 실습생과 실습지도자가 실습을 통하여 무엇을 배웠는지, 현재 어디에 와 있는지, 학습과정에 영향을 준 요소들은 무엇인지 등을 점검하고 평가한다. 실습생과 실습지도자가 이제까지의 학습과정을 점검한 후 앞으로 필요한 기술과 학습욕구가 무엇인지 개념화하는 데 실습평가의 목적이 있다.

실습생과 실습지도자가 각각 작성한 후 평가항목을 상호 비교하면서 피드백을 제공하도록 되어 있으며, 실습생과 실습지도자가 서로 다르게 평가한 항목에 대해서 서로 의견을 나누면서 전문적인 성장을 위한 피드백을 제공하도록 해야 하고, 이 평가는 업무수행과 관련한 객관적인 사실에 근거한 평가가 되어야 한다. 개인의 성격에 대한 평가가 아니며, 좋다 나쁘다의 가치 판단적인 평가가 아니라 수행한 업무의 전반적인 과정에 대해 사실에 근거하여 바람직한 방향을 제시하는 평가가 되어야 한다.

2) 실습평가의 방법

실습지도교수가 학생들의 실습에 대한 평가를 한다. 실습일지, 실습기록, 실습 관련 보고서, 슈퍼바이저와의 방문면담 혹은 전화면담 그리고 실습세미나에서의 발표 등을 종합하여 이루어진다. 실습평가는 객관적인 기준에 근거한 지식과 기술 습득에 대한 평가뿐 아니라, 또 다른 특성에 대한 평가도 포함될 수 있다. 기관에 따라서는 출석과 시간 엄수가 매우 중요하여 평가에서 상당한 비중을 차지하기도 하는데, 이는 아무리 그럴듯한 이유가 있었더라도 결근과 지각의 횟수가 빈번하게 보고되었을 때에는 전문직으로서 기본적인 신뢰감을 주기 어렵기 때문이다.

쾌활한 성격, 열심히 하는 모습(자신의 업무로 바쁘지 않을 때 남을 도우려는 모습을 보일 때), 유머 감각, 사려 깊음, 단정한 용모, 진지한 학습자세, 감정의 통제, 침착성, 판단능력, 적절한 정도의 자기주장적인 모습, 동료나 클라이언트와 잘 어울리는 모습, 겸손한 자세, 책임감 있는 태도 등이 긍정적인 인상을 줄 수 있을 것이다. 기관에서 꼭 필요한 능력이나 전문성을 가졌을 때 기관이나 실습지도자가 선호하게 될 것이며, 따라서 평가에도 호의적일 것이다.

(1) 객관적 평가기준의 사용

사회복지실습의 수행은 사회복지실천과 마찬가지로 객관적인 지표만으로 평가할 수는 없으나, 최대한 객관적인 지표를 활용하도록 평가기준이 고안되어야 한다. 객관적인 기준에 의해 평가하기 어려운 부분에 대해서도 실습지도자의 평가에 대한 근거자료가 제시될 수 있어야 한다.

(2) 과정평가와 공식적인 평가의 병행

실습기관에서는 학습계약서에 기초하여 실습진행에 따라 수시로 혹은 주기적으로 실습생의 발전 정도에 따른 평가를 수행한 후, 이를 근거로 실습 종료 시 공식적인 서류양식을 통하여 실습생의 학습과 수행에 대한 최종평가를 해야 한다. 실습 초기에 평가의 기준에 대한 구체적인 설명이 제공되고, 실습과정 중에도 일정한 기간마다 실습지도자의 수시평가와 이에 대한 실습생의 피드백이 상호 교환되도록 한다면, 종결평가가 실습지도자의 주관적인 판단에만 의존해서 이루어지게 되거나, 실습생이 생각지도 못한 평가결과로 당황하게 되는 것을 피할 수 있다.

(3) 학교에서의 최종적인 성적 평가

실습교육에 대한 최종적인 평가는 실습생에 대한 실습기관에서의 평가에 기초하여 실습지도교수가 하도록 되어 있다. 실습지도교수가 실습상황을 모두 관찰할 수 있는 것이 아니므로 실습생의 실습수행에 대한 평가는 실습기관의 평가에 상당한 영향을 받는 것이 사실이다. 실습기관마다 평가 기준과 방법이 다르며 실습생의 과제와 역할 또한 실습기관마다 다르므로, 실습지도교수는 실습기관의 평가뿐 아니라 다른 평가기준들을 마련할 필요가 있다.

기관에서의 실습과정을 우수하게 수행한 실습생이라도 실습수행에 대한 평가에서 우수한 성적이 보장되는 것은 아니며, 실습지도교수의 실습에 대한 평가기준에 대해 미리 알아보고 이를 만족시킬 수 없는 사정이 있을 때는 평가결과가 최종적으로 보고되기 전에 미리 충분히 상의하는 것이 중요하다.

3) 기관과 학교의 실습교육에 대한 평가

실습생이 실습기관과 학교에서 제공한 실습교육을 평가하게 될 때, 실습과정에 영향을 준 요소들을 발견하고 실습교육을 향상하는 데 중요한 정보를 얻을 수 있다. 실습생은 자신의 실습과제 수행 정도와 실습을 통해 이루어진 자기 성장과 발전 정도를 스스로 평가하고, 이에 긍정적 · 부정적으로 영향을 준 요소들을 기관 및 학교에서 제시한 실습교육 내용에서 찾아볼 수 있도록 한다. 학교에서도 실습교육을 위해 실습배정 과정에서 실습 종료까지 실습의 원활한 진행을 돕고 실습생의 학습경험을 극대화하기 위한 역할들을 수행하고 있는데, 실습생과 실습기관이 학교의 역할을 평가하고 이를 보고하여 다음 실습교육계획에 중요한 정보를 제공해 줄 수 있다.

3. 종결평가서

1) 목적 및 필요성

기관실습지도자, 동료실습생, 기관종사자 등과 더불어 실습과정 전반에 걸친 실습생의 역할과 실습내용에 대해 총평가를 진행한다. 실습종결평가는 실습을 통한 실습생 개인의 성장과 변화, 보완점에 대해 다른 사람들의 의견을 겸허하게 받아들여 실습생 스스로 자신의 장점을 강화하고 단점을 보완하여 훌륭한 사회복지사로서의 기초를 다지는 계기가 된다. 기관에서는 기관업무 및 실습일정 그리고 실습내용에 대한 실습생들의 피드백을 통해 실습지도의 내용을 보완 · 수정함으로써 기관 발전의 계기로 삼는다.

2) 내용

실습생은 대상자인 클라이언트와의 종결, 실습지도자 및 동료실습생과의 종결을 수행해야 되며, 실습 종결 후 실습과정을 스스로 되돌아보며 평가하여 자신의 실습활동 결과를 통합하고 정리해야 한다. 평가서를 작성할 때는 지금까지 진행해 온 과정을 사실대로 정리하면서 그 과정을 냉철하게 분석하고 느낀 바를 솔직하게 정리하는 것이 좋으며, 특히 잘하고 있는 부분과 미흡한 부분을 분리하여 정확하게 쓰는 것이 바람직하다. 미흡한 부분을 평가할 때는 차후 보완책을 생각하여 함께 써 주는 것이 좋다.

실습을 종결한 후 실습생이 실습과정 등을 되돌아보며 스스로 평가하는 것이다. 예비사회복지사로서의 역할, 프로그램 진행상의 문제점, 시설이나 학교에 건의사항을 기록한다. 실습지도자와 실습지도교수는 실습평가 시 실습생들의 업무와 학습에 초점을 두고 평가를 해야 하고 실습생들의 실습지도에 대한 피드백을 수렴한다.

종결평가서는 실습목표의 달성 평가뿐 아니라 예비사회복지사로서의 정체성 확립 정도, 사회복지사로서의 장래 진로에 대해서도 설계할 수 있는 기회가 된다. 실습 종결평가서의 구성은 실습내용 및 실습목표에 대한 평가, 서비스 실천과정 평가, 정책 및 행정, 자원활용, 실습자세, 전문적 태도 등 포괄적인 내용을 포함하고 있다.

표 11-3 종결평가서 항목

- **실습일정에 대한 평가**: 실습일정 전반 그리고 실습일정의 길이 등에 대한 적절성을 평가하고 그 이유를 설명함
- **실습내용 및 역할에 대한 평가**: 실습내용이 초기에 수립한 실습목표를 달성하는 데 적절한 내용으로 구성되었는지, 할당된 시간, 교육 강사 등에 대해 평가함
- **실습목표에 대한 평가**: 구체적이고 적절한 실습목표가 설정되었는지 그리고 그 목표가 달성되었는지 여부를 평가함
- **서비스 실천과정/정책 및 행정실습에 대한 평가**: 서비스 실천과정 혹은 정책 및 행정실습 전반에 대해 평가함
- **실습생의 자원활용에 대한 평가**: 실습생의 과업 완수를 위해 활용한 인적 및 물적 자원활용 정도를 평가함
- **실습에 임하는 자세에 대한 평가**: 업무관리, 직원 혹은 다른 실습생과의 관계, 실습에 있어서의 적극성 및 자발성에 대해 평가함
- **전문적 태도에 대한 평가**: 사회복지 전문가로서의 전문적 태도를 평가하는 것으로, 사회복지사로서 실습생 자신의 장·단점에 대한 인식 그리고 전문가로서 윤리 및 가치관의 이행에 대해 평가함

- **실습지도 활용 정도에 대한 평가**: 기관 및 대학의 실습지도 활용 정도 및 실습지도 자체를 평가함
- **기관 이해도에 대한 평가**: 실습생의 과업과 관련된 기관의 목적, 정책, 행정절차에 대한 이해 및 실습생으로서 기관 내의 권한과 한계에 대한 인식에 대해 평가함
- **실습기간 중 가장 유익했던 내용, 가장 안 좋았던 내용**: 실습을 마무리하는 시점에서 지나간 실습활동을 회상하면서 가장 유익했던 내용이 무엇인지 그리고 그것이 어떻게 도움이 되었는지를 기술함
- **실습기관, 실습지도자, 대학에 대한 건의사항**: 실습생이 실습과정 전반에 참여하면서 실습기관, 실습지도자, 대학에 건의하고 싶은 내용에 대해 현실성을 고려한 실행 가능한 방안을 논리적으로 기술함

3) 예시

〈종결평가서〉

1. 실습일정에 대한 평가

직장생활과 실습을 병행한다는 것이 쉽지 않았습니다. 하지만 포기하지 않고, 끝까지 해야 한다는 목표를 설정해 놓으니 도중에 포기할 수 없었습니다.

2. 실습내용 및 역할에 대한 평가

요양원의 월간 행사계획표에 의거하여 실습을 진행하였으며, 특히 여가 프로그램(놀이치료, 레크리에이션 등), 치매 프로그램(동화책 읽어 드리기, 미술치료, 건강체조 등), 특화 프로그램(보치아), 합동 생신잔치 등에 참여하여 실습생으로서 필요한 부분에 적시적절하게 임무를 부여받아 프로그램 진행에 도움을 주었습니다.

학교교육을 바탕으로 배워 온 이론을 요양원이란 실습현장에서 이론과 실습을 접목하고 실천하는 것으로 사회복지사 업무와 역할, 요양보호사의 활동영역에 대한 습득과 이해에 대하여 조금이나마 알게 되었습니다.

성실하게 실습에 임하였습니다.

3. 실습목표에 대한 평가

가) 구체적이고 적절한 목표 설정 여부

- 요양원에서의 사회복지사의 역할과 요양보호사의 역할과 업무에 대한 습득, 사회복지 프로그램에 대하여 현장에 적용시킬 수 있도록 관심을 갖고 실습하였습니다.

나) 목표달성 여부

- 주어진 실습일정과 과제물의 수행 여부를 매일 정리하고 실습지도자와의 의견교환을 통해 바람직한 방향으로 실습목표를 달성하였습니다.

4. 정책 및 행정 실습에 대한 평가

1) 문제인식능력

- 어르신들의 상태파악 및 문제점을 알아보고자 요양원 실무나 운영에 대한 이야기를 실습지도자와 동료실습생과 의견을 주고받으며 정보를 공유하고 관련자료의 책자 등을 확인하여 파악하고자 하였습니다.

2) 문제분석능력

- 요양원 실습에서 서비스 실천 문제에 대한 사정을 파악하고자 하였으며, 이론에서 습득한 노인의 특성에 대하여 현장에서 실천해 보는 서비스가 되었습니다.

3) 문제해결을 위한 대안제시능력

- 요양원 실습에서 서비스 실천 문제에 대한 사정을 파악하고자 하였으며, 이론에서 습득한 노인의 특성에 대하여 현장에서 실천해 보는 서비스가 되었습니다.

4) 기존 지식과 정보의 사용능력

- 한국사회복지실천과 복지경영(도서출판 ○○○○)
- 노인요양시설의 직무분석을 통한 업무매뉴얼(사단법인 한국노인복지시설협회)
- 노인장기요양보험실무 카페 가입
- 국민건강보험공단 사이트 활용

5) 기록기술

- 객관적인 기록과 기록의 현장성을 위하여 메모를 열심히 하여 매일의 일지에 중요한 실습활동과 실습 소감을 성실히 기록하였습니다.

6) 유관기관 및 관련된 사람들과 전문적인 관계형성

- 요양원에 관련된 사람들과의 전문적인 관계형성을 위하여 적극적으로 활동하며 참여하였고, 어르신들과의 적절한 소통과 대화로 많이 어울리며 좋은 관계형성을 하였습니다.
- 노인의 날 행사, 사회복지날 행사 참여를 통해 지역 유관기관들과의 친밀감을 형성하였습니다.

5. 실습에 임하는 자세에 대한 평가

1) 업무관리

- 실습종료일까지 시간엄수를 잘 지켰으며, 과제물 제출도 잘하였고, 사회복지사의 보조와 요양보호사의 보조 역할을 수행하면서 주어진 업무에 대하여 성실하게 최선을 다하였습니다.
- 학교의 명예와 자존심, 사회복지사로서의 사명감과 책임감을 갖고, 양심을 걸고 실습에 임하였습니다.

2) 직원과의 관계

- 시설 내 직원들은 모두 가족같이 지내고 있었으며, 분위기도 밝고 즐거웠습니다. 나 또한 실습 첫날부터 실습생이 아닌 직원으로서 임무를 수행하는 것이 아닐까 할 정도로 쉽게 동화될 수 있었으며, 사회복지사님과 라운딩을 하면서 어르신들에게 건네는 말 한 마디, 한 마디는 정성이 담겨 있었고, 진심으로 부모님을 모시듯이 말씀과 행동을 보여 주었습니다. 이러한 모습에서 많은 것을 느꼈고, 자신에 대한 반성도 하였습니다.

3) 실습에 있어서의 적극성 및 자발성

- 실습시간을 채우기 위한 무성의하고 형식적인 자세를 버리고, 내 부모님이, 내 미래의 모습이 될 수 있다는 마음가짐으로 실습에 임했으며, 어르신들을 관리해 나갔습니다. 시설 내 다양한 프로그램을 운용하고 있었지만 색다른 프로그램을 진행해 보고 싶은 마음에 컵쌓기와 자석물고기라는 프로그램을 시행해 보았고, 사회복지사님들도 적극적으로 지원해 준 결과, 프로그램에 참여한 어르신들이 많이 웃으면서 좋아하는 것처럼 보였습니다.

6. 실습기간 중 가장 유익했던 내용

1) 이론적인 측면: 노인문제와 노인장기요양보험제도의 목적과 장기요양 인정절차를 이해하며, 급여(서비스) 종류에 대한 배움이 가장 유익하였습니다.
2) 현장 적용 측면: 실제 현장에서 어르신들과 접촉하면서 프로그램을 계획하고 실시하였고, 직원들과의 친밀한 관계유지가 요양원을 생동감 있게 이끌어 가는 부분에서 유익하였습니다.

7. 실습기간 중 가장 안 좋았던 내용

1) 치매어르신과 소통이 되지 않아서 어르신에게 어떤 것도 해 드릴 수가 없어서 힘들었습니다.
2) 어린아이 다루듯 말을 하면 어르신이고, 어른인 듯하여 말을 하면 어린아이처럼 말씀하듯이 치매라는 병이 참으로 무섭고 매체를 통해 접하던 환자들을 직접 접해 보니 모든 게 쉽지 않았고, 수발 자체가 어려웠습니다.

8. 실습지도자에게 하고픈 말

시설 내 누구 한 명 편하고자 일하는 사람은 없었습니다. 모두가 제 위치에서 제 역할을 성실히 수행하고 있습니다. 어르신들도 중요하지만, 직원 한 명 한 명 모두 소중한 사람들입니다. 이분들이 갖고 있는 노하우는 요양원에는 큰 자산일 수 있습니다.

때로는 상(기관 표창)을 부여함으로써 사기를 북돋아 줄 필요가 있다고 생각합니다.

그림 11-1 종결평가서 예시

출처: 박희숙, 현민석, 김애선(2021).

〈사회복지현장실습 돌아보기〉

1. 실습내용

• 실습프로그램에 대한 평가

• 실습지도자에 대한 평가

• 실습기관에 대한 전반적인 평가

• 실습기간 중 가장 유익했던 내용

• 실습기간 중 가장 안 좋았던 내용

2. 실습생에게 미친 영향

- 이번 사회복지현장실습에서 어떤 일을 하였고, 실습이 본인에게 어떤 의미였는가요?

- 이번 실습을 하면서 처음에 세운 실습목표를 어느 정도 달성하였나요?

- 이번 실습이 본인의 진로를 결정하는 데 도움이 되었나요?

- 이번 실습이 본인이 하고자 하는 활동이나 학습에 어떤 영향을 주었나요?

- 실습 이후 하고 싶은 활동이나 학습은 무엇인가요?

그림 11-2 사회복지현장실습 돌아보기

제12장

실습 후 자기성찰

- 사회복지현장실습을 마친 실습생이 지금까지의 수고를 축하하고 실습을 통한 배움을 곱씹어 보는 과정을 통해 나의 경험에 대한 의미를 심화시키고 성장을 도모할 수 있다.
- 따라서 이 장에서는 먼저 성찰의 의미와 중요성에 대해 살펴보고 현장실습을 나가기 전에 세웠던 자기돌봄계획을 어떻게 실천했는지 성찰해 본다.
- 또한 '실습 전과 도중 그리고 후의 나'를 시각적으로 표현하면서 서로의 변화를 공유하고 후배들을 위해 실습과정에서 얻은 정보, 경험, 지혜를 기록하여 전수한다.

1. 성찰의 의미와 필요성
2. 자기돌봄계획의 실천에 대한 성찰
3. 실습에 대한 성찰의 시각화 활동
4. 경험의 진수를 위한 성찰

1. 성찰의 의미와 필요성

성찰은 개인의 경험을 의식적으로 떠올려서 신중하게 고려하는 과정으로, 나의 생각, 감정, 행동 그리고 그 행동의 결과를 검토하는 것을 포함한다. 성찰을 통해 이미 발생한 일에서 교훈을 얻고, 자기 자신에 대한 통찰을 얻으며, 이후의 행동에 대해 보다 나은 결정을 내릴 수 있게 된다. 특정한 경험이 나에게 득이 되도록 결정짓는 것은 경험 그 자체보다는 경험에 대한 나의 성찰일 수도 있다. 다시 말해, 경험의 유무보다 경험에 대한 성찰의 유무가 나를 더욱 성장시키는 핵심적인 요소라는 것이다.

2. 자기돌봄계획의 실천에 대한 성찰

이 책 제4장에서 실습을 나가기 전에 실습 중 자기를 어떻게 돌볼 것인지 계획을 세웠다. 당시 각각의 영역에 대해 내가 세운 계획을 돌아보면서 실습기간 중 그것을 어느 정도 충실하게 실천했는지 5점 척도(1-전혀 못 지킴, 5-충실하게 지킴)를 활용해 평가하고 그 점수를 준 이유를 다음에 적어 본다.

영역	얼마나 충실하게 실천했나요?					이 점수를 준 이유
물리적 · 신체적 영역	①	②	③	④	⑤	
심리적 · 정서적 영역	①	②	③	④	⑤	
사회적 영역	①	②	③	④	⑤	
전문적 영역	①	②	③	④	⑤	
기타	①	②	③	④	⑤	

각 영역별로 자기돌봄계획을 실천했을 때 나에게 어떤 효과 또는 변화가 있었는지 알아본다. 역시 5점 척도를 활용하여 어느 정도 효과가 있었는지 점수를 주고 그 점수를 준 이유를 설명해 본다.

영역	얼마나 효과가 있었나요?					이 점수를 준 이유 (어떤 효과가 있었나요?)
물리적 · 신체적 영역	①	②	③	④	⑤	
심리적 · 정서적 영역	①	②	③	④	⑤	
사회적 영역	①	②	③	④	⑤	
전문적 영역	①	②	③	④	⑤	
기타	①	②	③	④	⑤	

3. 실습에 대한 성찰의 시각화 활동

성찰의 도구는 다양하다. 앞서 활용했던 것처럼 수적인 척도를 도구로 삼을 수도 있고 글을 쓸 수도 있다. 여기서는 시각화를 활용하여 실습에 대해 성찰해 본다. 다음의 예시를 참고하여 빈칸에 실습 전, 실습 중, 실습 후의 내 모습을 그려 보되, 글을 곁들일 수도 있다.

실습 전

실습 중

실습 후

예시 1

<table>
<tr><th>실습 전</th><th>실습 중</th><th>실습 후</th></tr>
<tr><td></td><td></td><td></td></tr>
<tr><td>• 침대에서 전화를 보는 시간이 길었음
• 일정 없는 날은 하루 반 이상 누워 있음
• 문서작성에 자신 없었음
• 평균 1일 1식만 함</td><td>• 규칙적 생활과 짜임새 있는 일정으로 수면시간이 8시간으로 정해짐
• 좀 피로가 쌓이기는 함
• 문서작성에 대해 조금씩 자신이 생김
• 평균 1일 2식을 함</td><td>• 알람이 울리기도 전에 일어나는 습관이 생김
• 실습과정에서 여러 곳을 순회하다 보니 운동효과도 생김
• 문서작성에 거침이 없어짐</td></tr>
</table>

예시 2

실습 전	실습 중	실습 후

• 실습 전의 나는 찰흙과 같이 뒤죽박죽인 상태라고 할 수 있다.	• 도자기와 같이 무언가 쓸모 있는 존재로 만들어져 가는 느낌?	• 화분에 꽃이 피어난 듯한 느낌이 든다.

예시 3

실습 전	실습 중	실습 후

• 약간의 두려움? 긴장?	• 어어, 이거…… 나름 재밌기도 하고…….	• 해냈다, 뿌듯하다, 약간의 자신감?

4. 경험의 전수를 위한 성찰

사회복지현장실습을 완수했다는 그 자체와 실습의 과정에서 얻은 지혜는 매우 값진 것이다. 이를 성찰하고 기록하여 공유한다면 이다음에 실습지로 나가는 후배들이 실습지를 고를 때 참고가 되고 특정 실습기관에 대한 세부 정보도 전달할 수 있어 후배들에게 여러모로 큰 도움이 될 것이다. 이제 다음의 질문들에 대한 답을 작성함으로써 후배들을 위한 지혜서를 제작해 본다. 질문들에 대한 답을 각자 개별적으로 적어도 좋고, 같은 기관으로 실습을 나간 학우들이 한 조가 되어서 공동으로 작성해도 좋다. 작성된 문서들을 모아 하나로 묶고 겉표지도 제작해 본다.

- 실습기관:

- 위치:

- 교통, 접근성, 주차:

- 시설:

- 기관 내 분위기:

- 주변 편의시설(식당, 갈 만한 곳 등):

• 실습지도자와 실습생의 관계:

• 가장 좋았던 점:

• 가장 어려웠던 점:

• 이 기관을 실습지로 추천하는 정도:

1. 매우 강추함
2. 추천함
3. 추천하지 않음
4. 매우 비추함

• 추천 또는 비추천 이유:

• 기타 하고 싶은 말:

참고문헌

기관실습 실시기관 선정 및 선정취소 등 사회복지현장실습 운영에 관한 고시(보건복지부 고시 제2019-249, 2019년 11월 14일 확정 고시).

강숙자(2012). 경제적 스트레스가 대학생의 심리적 안녕감에 미치는 영향: 사회활동 참여와 사회적 지지의 매개효과. 백석대학교 대학원 박사학위논문.

강정희, 문현주(2022). 윤리적 민감성에 대한 플립러닝과 문제중심학습법의 적용효과: 사회복지윤리와 철학 교과목을 중심으로. 인문사회21, 13(1), 1645-1660.

강홍구(2009). 사회복지실습 목표달성도에 영향을 미치는 요인에 관한 연구: 실습만족요인을 중심으로. 한국사회복지교육, 9, 1-21.

_____(2010). 실습오리엔테이션이 실습목표달성도에 미치는 영향에 관한 연구: 실습관련변수간의 매개효과를 중심으로. 한국사회복지교육, 11, 55-76.

_____(2011). 실습선행과정요인이 실습목표달성도에 미치는 영향: 실습수퍼비전과 실습세미나의 매개효과를 중심으로. 한국사회복지교육, 15, 26-50.

강희숙, 강신옥, 안우상, 이환복, 조경미(2008). 사회복지전공학생의 실습경험. 한국지역사회복지학, 24, 175-196.

고수현(2017). 사회복지상담 실천의 절충적 4단계 모형연구. 복지상담교육연구, 6(1), 105-143.

김미옥, 장수미, 정익중, 전종설, 심정원(2014). 오래된 문제, 또 한번의 시도: 사회복지실천론과 기술론 교육에 관한 교수 및 현장전문가의 인식. 사회복지연구, 45(4), 89-119.

김소진(2021). 사회복지전공 학부생들의 코로나19 이후 사회복지 현장실습 경험 연구: 복지관 실습 경험을 중심으로. 미래사회복지연구, 12(2), 109-140.

김승용, 박은주(2012). 사회복지현장실습 경험에 대한 현상학적 연구. 한국사회복지교육, 17, 1-26.

김연규, 김성한(2016). 사회복지 프로그램 목표설정의 적합성에 관한 연구. 한국사회복지행정학, 18(1), 87-106.

김영종, 권순애(2003). 논리모델(Logic Model): 사회복지 프로그램 기획에의 적용가능성. 사회과학연구, 19, 209-226.

김유경, 전미애(2016). 사회복지현장실습에서의 학습경험이 실습에 대한 인식을 매개로 사회복지실천 효능감에 미치는 영향. 한국사회복지조사연구, 50, 161-189.

김은정, 김수정(2018). 사회복지현장실습 지도자가 인식한 실습생의 권리에 대한 연구: 학습권과 노동권을 중심으로. 한국사회복지행정학, 20(1), 53-77.

김정은(2023). 사회복지현장실습 세미나. 공동체.

김주희(2023). 전문대학생의 사회복지현장실습 경험에 관한 질적 사례연구. 인문사회21, 14(2), 2913-2924.

김진숙, 장연진(2012). 사회복지사의 윤리적 신념과 경험에 관한 연구: 이중관계를 중심으로. 사회복지연구, 43(2), 235-266.

김태순, 황혜원(2009). 사회복지현장실습이 사회복지전공학생들의 진로발달 및 전문직업의식에 미치는 영향. 한국사회복지교육, 9, 97-126.

김혜영, 석말숙, 홍나미, 신인순(2023). 사회복지실천기술론(2판). 공동체.

노성덕(2013). 전문상담교사 길라잡이. 학지사.

대한민국 정책브리핑(2018. 3. 6.). 목, 어깨통증 예방 위한 '적정 높이'를 찾아라. https://www.korea.kr/news/healthView.do?newsId=148848401

도향선, 조인주(2014). 사회복지현장실습이 사회복지전공학생이 인식한 전문성 향상에 미치는 영향. 학교사회복지, 29, 561-583.

문현주, 김기영, 김윤화, 백종욱, 정주석(2019). 사회복지실천론. 창지사.

박귀영, 강병노, 오현숙, 이영희, 이우언, 전대성, 정명희, 최병태(2021). 사회복지현장실습. 양성원.

박미은, 서미경, 김영란(2001). 이중관계에 대한 사회복지사들의 신념과 경험에 관한 연구. 한국사회복지학, 47, 178-205.

박미진, 현안나(2020). 다층잠재계층분석을 통한 지역사회복지관의 사회복지실천기록. 복지상담교육연구, 9(1), 299-327.

박선숙, 한삼협(2017). 사회복지상담자의 전문적 능력이 사회복지상담 활용에 미치는 영향. 사회복지상담연구, 1(1), 39-59.

박선영(2008). 사회복지사의 자기자각(self-awareness)의 재조명과 사회복지실천 교육방법 연구. 한국사회복지교육, 4(1), 1-41.

박승곤(2019). 사회복지전공생의 윤리적 민감성과 인권감수성. 신학과 목회, 51, 289-312.

박용권(2009). 사회복지현장실습. 신정.

박용오(2022). 사회복현장실습. 양서원.

박차상, 강정희, 문현주(2019). 사회복지 윤리와 철학. 학지사.

박희숙, 현민석, 김애선(2021). 사회복지현장실습과 실습세미나. 지식공동체.

배나래, 김지운(2021). COVID-19 상황 중 사회복지현장실습에 참여한 예비사회복지사의 실습경험에 관한 연구. 한국융합학회논문지, 12(11), 301-310.

배진형, 김희수, 안정선(2014). 사회복지실습에서 경험하는 실습생의 어려움과 대처. 한국지역사회복지학, 48, 1-43.
사회복지사업법 시행규칙 제3조 [별표 1] 제2호(보건복지부령 제 663호, 2019년 8월 12일 개정).
서강훈(2014). 사회복지사를 위한 사회복지용어사전. 이담북스.
서인해, 공계순(2007). 사회복지 프로그램 제안서에 나타난 프로그램 디자인 활동의 특성에 대한 연구. 한국사회복지학, 60(1), 1-22.
______(2013a). 사회복지 프로그램 구성요소개발활동의 실태 및 구성요소의 동질적인 범주성에 대한 실증적 연구: 3단계 디자인 활동 중심으로. 사회복지연구, 44(3), 237-270.
______(2013b). 한국 사회복지 프로그램 개발활동의 경향성에 대한 실증적인 연구: 참여주체, 정보수집, 개발과정을 중심으로. 사회복지연구, 44(4), 287-320.
서진환(2001). 사회복지실습의 길잡이. 학지사.
______(2004). 정신보건센터의 사회복지 실습과제 개발연구: 개입연구 방법을 적용한 사례관리 프로그램 개발. 사회복지연구, 24, 93-124.
손가현, 박정선(2020). 사이버대학교 학생의 사회복지현장실습 교육 경험에 관한 연구. 한국사회복지교육, 51, 1-30.
신민선, 김남식, 김옥례, 변호순, 엄미아, 임봉호, 조영선(2020). 사회복지 현장실습: 실습생을 위한 매뉴얼. 양성원.
신성자, 고유나, 김수정, 박용권, 성희자, 이원준, 전보경, 정숙희, 최은지(2021). 사회복지실천기술론(개정판). 양성원.
심경순(2013). 정신보건사회복지사 수련생의 스트레스 경험. 한국콘텐츠학회논문집, 13(5), 311-321.
안범현, 양민옥(2016). 사회복지사와 일반성인의 스트레스와 탄력성 비교 연구. 사회과학연구, 32(2), 57-81.
양혜원(2019). 사회복지현장실습을 통한 성장경험에 관한 질적 사례연구. 총신대 논총, 39, 221-249.
엄명용, 김성천, 오혜경, 윤혜미(2016). 사회복지실천의 이해(4판). 학지사.
엄명용, 노충래, 김용석(2015). 사회복지실천기술의 이해(3판). 학지사.
엄미선, 최종복, 전동일(2009). 사회복지자원개발론. 대왕사.
오영림(2020). 사회복지학과 학생의 사회복지현장실습 스트레스대처에 관한 연구. 복지상담교육연구, 9(1), 175-193.
오창순, 장수미, 김수정(2015). 콕콕 짚어주는 사회복지 현장실습 지침서. 학지사.
오혜경(2004). 사회복지실천의 가치와 윤리에 관한 연구. 사회복지리뷰, 9, 115-143.
______(2015). 사회복지현장실습. 창지사.
오혜경, 하지영(2007). 사회복지현장실습 매뉴얼. 양서원.
우국희, 성정현, 좌현숙, 장연진, 최승희(2015). 사회복지실천론. 도서출판 신정.
유진희, 노길희, 박진영, 신원정(2020). 사회복지현장실습. 양서원.
유학수(2009). 교정사회복지실천을 위한 기록에 관한 연구. 교정사회복지연구, 1, 99-115.

윤현숙(2002). 사회복지실천기술론. 동인.

은선경, 김혜선(2022). 지역아동센터 사회복지현장실습 내실화를 위한 사례연구. 한국사회복지교육, 60, 209-243.

이남희(2000). 정보화 사회에 있어 사회복지관 조직 효과성 제고방안. 한성대학교 행정대학원 석사학위논문.

이상희(2012). 대학생의 진로스트레스와 진로태도성숙의 관계: 진로자기효능감의 매개효과와 부모진로지지의 조절효과. 상담학연구, 133, 1461-147.

이순민(2012). 사회복지 윤리와 철학. 학지사.

이승현(2010). 남녀 대학생의 대인관계 스트레스, 대처전략, 분노표현양식 간의 관계. 이화여자대학교 대학원 석사학위논문.

이영호(2014). 사회복지실천기술론(제2판). 공동체.

이오복, 권순애(2021). 코로나19 상황에서 사회복지현장실습에 참여한 사회복지전공 학생의 경험에 관한 연구. 인문사회21, 12(4), 1989-2000.

이외승, 류형택, 최연진, 이성은, 김훈근, 한웅희(2017). 사회복지현장실습의 이해와 실제. 동문사.

이원주, 우병훈(2021). 사회복지현장실습. 공동체.

이해경, 조우홍(2013). 복지현장실습이 진로선택에 미치는 영향에 관한 연구. 한국컴퓨터정보학회 논문지, 18(10), 217-223.

임진섭, 최권호, 손영은, 최선아, 곽주연(2018). 사회복지 현장실습 모니터링 지표개발. 한국사회복지행정학, 20(3), 239-266.

장수미(2011). 사회복지 실습지도교수와 현장수퍼바이저의 실습수퍼비전 내용에 대한 인식 비교. 사회복지연구, 42(1), 371-397.

장수미, 김경미, 이지수(2019). 사회복지실천론과 현장실습 교과목의 연계 모색: 종합사회복지관 실습에 참여한 사회복지학전공 학생의 경험을 중심으로. 미래사회복지연구, 10(2), 5-36.

장수미, 최정숙, 박형원, 김주현, 홍현미라, 이혜경, 이영선, 한인영(2017). 사회복지실천기술론(2판). 학지사.

장혜경, 유영준(2008). 사회복지 현장실습의 실습성과와 실습성과에 영향을 미치는 요인. 한국지역사회복지학, 25, 273-297.

정무성(2003). 사회복지 프로그램 기획과정에서의 대상자 선정행태와 표적효율성에 관한 연구. 한국사회복지행정학, 10, 115-135.

정무성, 조해영(2009). 사회복지전공학생의 현장실습 스트레스 증상에 관한 연구. 한국사회복지교육, 10, 93-118.

정수경(2004). 사회복지전공학생의 실천수행능력에 영향을 미치는 실습지도 요인에 관한 연구. 한국사회복지학, 56(3), 327-355.

정순둘(2006). 사회복지전공학생들의 조사연구에 관한 태도 연구. 한국사회복지학, 58(4), 219-236.

정연모, 임우현, 최형임(2023). 사회복지현장실습. 지식공동체.

정은경(2020). 국민건강영양조사 Fact Sheet: 건강행태 및 만성질환의 20년간(1998-2018) 변화(11-1352159-001468-01)(p. 8). 질병관리청.

정지나(2018). 포토보이스 조사방법을 활용한 대학생의 스트레스 대처전략 탐색적 연구. 디지털융복합연구, 16(10), 545-555.

조성심(2021). 사회복지 현장실습 매뉴얼. 공동체.

조성우, 안정선, 최승희, 김정선(2024). 사회복지 프로그램 개발과 평가(2판). 학지사.

조운희(2003). 사회복지실천계획을 위한 주요개념과 기록에 관한 연구. 신학과 목회, 20, 196-237.

주영주, 이정원, 조선유(2012). 사이버대학생들의 학업스트레스와 성취도의 관계에서 학업적 자기효능감, 과제가치의 조절효과. 평생학습사회, 8(1), 73-92.

지은구(2003). 지역복지론. 청목출판사.

지은구, 조성숙(2019). 지역사회복지실천론. 학지사.

최권호, 임세희, 남찬섭, 김아래미, 임수경, 손영은, 강선미, 김하늘(2024). 사회복지사업법 시행규칙 개정 이후 사회복지현장실습 운영현황과 개선방안. 한국사회복지교육, 65, 27-65.

최명민(2005). 정신보건사회복지사의 윤리적 민감성 훈련프로그램 개발 및 평가. 정신보건과 사회사업, 20, 182-215.

최세영, 박경수(2021). 사회복지현장실습 세미나. 어가.

최세영, 이장욱(2023). 사회복지현장실습 세미나(제2판). 어가.

최소연(2019). 사례관리론. 양성원.

최소연, 오양래, 김수린, 이재완, 김병년, 박재은(2018). 사회복지공동모금회 배분사업 성과측정을 위한 척도집(p. 103). 사회복지공동모금회.

최은희(2011). 사이버대학생과 일반대학생의 사회복지 현장실습성과 및 전문직 정체성에 영향을 미치는 요인. 한국콘텐츠학회논문지, 11(12), 475-485.

최일섭, 이창호(1994). 사회계획론. 나남.

표갑수, 김현진(2009). 사회복지 실습지도 모델 개발에 관한 연구: 지역네트워크를 중심으로. 한국사회복지교육, 10, 171-191.

한국사회복지교육협의회(2022). 사회복지학 교과목지침서 2022. 한국사회복지교육협의회.

한국사회복지사협회(2017). 사회복지현장실습매뉴얼. 한국사회복지사협회.

__________(2023). 사회복지사 윤리강령의 이해와 활용. 양서원.

한주빈(2010). 지역복지활성화를 위한 사회복지 현장실습성과에 관한 연구: 학교요인을 중심으로. 한국지역사회복지학, 35, 181-199.

한주빈, 오봉욱, 전동일, 엄미선(2013). 사회복지현장실습 길라잡이. 동문사.

홍나미, 김혜영, 이은진, 신인순(2023). 사회복지현장실습과 세미나. 공동체.

홍현미라(2005). 지역사회 변화전략으로써의 자원개발과정에 관한 연구: 사회자본(Social Capital) 관점 적용. 한국사회복지행정학, 7(3), 29-67.

황인옥(2023). 사회복지실천기술론. 공동체.

Ames, N. (1999). Social work recording: A new look at an old issue. *Journal of Social Work Education, 35*(2), 227-238.

Anderson, R. J., & Brice, S. (2011). The mood-enhancing benefits of exercise: Memory biases augment the effect. *Psychology of Sport and Exercise, 12*(2), 79-82.

Armitage, J. M., Collishaw S., & Sellers, R. (2024). Explaining long-term trends in adolescent emotional problems: what we know from population-based studies. *Discover Social Science and Health, 4*(1), 14.

Arnett, J. J. (2007). Emerging adulthood: What is it, and what is it good for?. *Child Development Perspectives, 1*(2), 68-73.

Barker, R. L. (2014). *The social work dictionary* (6th ed.). NASW Press.

Biddle, S. J., & Ekkekakis, P. (2005). Physically active lifestyles and well-being. *The Science of Well-Being, 140*, 168.

Biestek, F. P. (1957). *The casework relationship*. Loyola University Press.

Bogo, M., & Globerman, J. (1999). Inter-organization relationships between schools of social work and field agencies-Testing a framework for analysis. *Journal of Social Work Education, 35*, 265-274.

Bogo, M., Regehr, C., Woodford, M., Hughes, J., Power, R., & Regehr, G. (2006). Beyond competencies: Field instructors' descriptions of student performance. *Journal of Social Work Education, 42*(3), 579-593.

Burke, K. C., Burke, J. D. Jr., Regier, D. A., & Rae, D. S. (1990). Age at onset of selected mental disorders in five community populations. *Archives of General Psychiatry, 47*(6), 511-518.

Channing Bete Company, Inc. (2005). *Stress management; A self-care handbook.*

Dieterich-Hartwell, R. (2017). Dance/movement therapy in the treatment of post traumatic stress: A reference model. *The Arts in Psychotherapy, 54*, 38-46.

Dishman, R. K., & O'Connor, P. J. (2009). Lessons in exercise neurobiology: The case of endorphins. *Mental Health and Physical Activity, 2*(1), 4-9.

Dror, Y. (1967). The planning process: A facet design in planning. In F. G. Lyden & E. G. Mitter (Eds.), *Programming and budgeting*. Markham Publishing Company.

Everett, J. E., Miehls, D., DuBois, C., & Garran, A. M. (2011). The developmental model of supervision as reflected in the experiences of field supervisors and graduate students. *Journal of Teaching in Social Work, 31*(3), 250-264.

Fortune, A. E., McCarthy, M., & Abramson, J. S. (2001). Student learning processes in field education: Relationship of learning activities to quality of field instruction, satisfaction, and performance among MSW students. *Journal of Social Work Education*, *37*(1), 111-123.

Goldstein, H. (1973). *Social work practice: A unitary approach*. Columbia University of South Carolina Press.

Good, V., Hughes, D. E., & Wang, H. (2022). More than money: Establishing the importance of a sense of purpose for salespeople. *Journal of the Academy of Marketing Science*, *50*(2), 272-295.

Grise-Owens, E., Miller, J., Escobar-Ratliff, L., & George, N. (2018). Teaching note-teaching self-care and wellness as a professional practice skill: A curricular case example. *Journal of Social Work Education*, *54*(1), 180-186.

Hepworth, D. H., & Larsen, J. A. (1986). *Direct social work practice: Theory and skills* (2nd ed.). The Dorsey Press.

________________________ (1993). *Direct social work practice: Theory and skills* (4th ed.). Brooks Cole.

Hopwood, T. L., & Schutte, N. S. (2017). A meta-analytic investigation of the impact of mindfulness-based interventions on post traumatic stress. *Clinical Psychology Review*, *57*, 12-20.

Hill, P. L., Sin, N. L., Turiano, N. A., Burrow, A. L., & Almeida, D. M. (2018). Sense of purpose moderates the associations between daily stressors and daily well-being. *Annals of Behavioral Medicine*, *52*(8), 724-729.

Hill, P. L., Turiano, N. A., Mroczek, D. K., & Burrow, A. L. (2016). The value of a purposeful life: Sense of purpose predicts greater income and net worth. *Journal of Research in Personality*, *65*, 38-42.

Hurst, A. (2015). *Scaling with purpose at LinkedIn*. Imperative.

Jackson, Y., Puddy, R. W., & Lazicki-Puddy, T. A. (2001). Ethical practices reported by play therapist: An outcome study. *International Journal of Play Therapy*, *10*(1), 31-51.

Johnson, L. C., & Yanca, S. J. (2010). *Social work practice: A generalist approach* (10th ed.). Allyn and Bacon.

Kessler, R. C., Berglund, P., Demler, O., Jin, R., Merikangas, K. R., & Walters, E. E. (2005). Lifetime prevalence and age-of-onset distributions of DSM-IV disorders in the National Comorbidity Survey Replication. *Archives of General Psychiatry*, *62*(6), 593-602.

Ketner, M., Cooper-Bolinskey, D., & VanCleave, D. (2017). The meaning and value of supervision in social work field education. *Field Educator*, *7*(2). Retrieved from http://fieldeducator.simmons.edu/article/the-meaning-and-value-of-supervision-in-social-work-field-education

Leon, A. M., & Pepe, J. (2010). Utilizing a required documentation course to improve the recording skills of undergraduate social work students. *Journal of Social Service Research*, *36*(4), 362-376.

Levine, B., & Land, H. M. (2016). A meta-synthesis of qualitative findings about dance/movement therapy for individuals with trauma. *Qualitative Health Research*, *26*(3), 330-344.

Lindgaard, G., Fernandes, G., Dudek, C., & Brown, J. (2006). Attention web designers: You have 50 milliseconds to make a good first impression! *Behaviour & Information Technology*, *25*(2), 115-126.

Marchand, W. R. (2014). Neural mechanisms of mindfulness and meditation: Evidence from neuroimaging studies. *World Journal of Radiology*, *6*(7), 471-479.

Mehrabian, A. (1971). *Silent messages*. Wadsworth Publishing Company, Inc.

National Association of Social Work (2024). *Code of Ethics_Preamble*. https://www.socialworkers.org/About/Ethics/Code-of-Ethics/Code-of-Ethics-English

Netting, F. E., Kettner, P. M., & McMurtry, S. L. (2008). *Social work macro practice* (5th ed.). Pearson Education.

Pinto, B. M., Tavares, I., & Pozza, D. H. (2024). Enhancing chronic non-cancer pain management: A systematic review of mindfulness therapies and guided imagery interventions. *Medicina*, *60*(5), 686.

Pourkazem T., Ghazanfari A., & Ahmadi R. (2023). Comparison of the effectiveness of mindfulness-based stress reduction and compassion-focused therapy on the cognitive emotion regulation in patients with irritable bowel syndrome. *Middle East Journal of Digestive Diseases*, *15*(4), 277-284.

Rapp, C. A., & Poertner, J. (1992). *Social administration: A client-centered approach*. Longman Publishing Group.

Rausch, Z., & Haidt, J. (2024. 3. 2.). *The evidence-The anxious generation*. https://www.anxiousgeneration.com/research/the-evidence

Reamer, F. (2005). Documentation in social work: Evolving ethical and risk-management standards. *Social Work*, *50*(4), 325-334.

Regehr, C., Lesson, J., Regehr, G., & Fusco, L. (2002). Setting priorities for learning in the field practicum: A comparative study of students and field instructors. *Journal of Social Work Education*, *38*(1), 55-65.

Rest, R. (1983). "Morality", [*Handbook of child psychology: Cognitive development*], (edited by P. H. Mussen), 556-629.

Royse, D., Dhooper, S. S., & Rompf, E. L. (2016). *Field instruction: A guide for social work students*. Waveland Press.

Sapolsky, R. M. (2004). *Why zebras don't get ulcers: The acclaimed guide to stress, stress-related diseases, and coping*. Holt paperbacks.

Street, L. A. (2019). Field instructor perspectives on challenging behaviors in Social Work Practicum. *Field Educator, 9*(1).

Thomas, E., & Rothman, E. (1994). *Intervention research: Design and development for human service*. The Haworth Press.

Van der Kolk, B. A. (1994). The body keeps the score: Memory and the evolving psychobiology of posttraumatic stress. *Harvard Review of Psychiatry, 1*(5), 253-265.

Varvogli, L., & Darviri, C. (2011). Stress management techniques: Evidence-based procedures that reduce stress and promote health. *Health Science Journal, 5*(2), 74-89.

Whittaker, J. K. (2002). The practice-research nexus in social work: Problems and prospects. *Social Service Review, 72*, 686-694.

Willis, J., & Todorov, A. (2006). First impressions: Making up your mind after a 100-ms exposure to a face. *Psychological Science, 17*(7), 592-598.

Windsor, T. D., Curtis, R. G., & Luszcz, M. A. (2015). Sense of purpose as a psychological resource for aging well. *Developmental Psychology, 51*(7), 975-986.

Wittmer, P. D. (2000). Ethical sensitivity in management decision: Developing and testing a perceptual measure among management and professional student group. *Teaching Business Ethics, 4*, 181-205.

World Health Organization. (1998). *The Role of the pharmacist in self-care and self-medication: Report of the 4th WHO Consultative Group on the Role of the Pharmacist*, The Hague, The Netherlands, 26-28 August 1998. World Health Organization. https://iris.who.int/handle/10665/65860

저자 소개

◆ **강정희**(Kang, Jeonghee)
부산대학교 사회복지학 박사
미국 아이오와대학교 사회사업학 석사
현 제주한라대학교 사회복지학과 교수

〈주요 저 · 역서〉
사회복지 윤리와 철학(공저, 학지사, 2019)
국제비교노인복지정책: 노인의 복지체감도를 중심으로(공역, 학지사, 2019)

◆ **문현주**(Moon Hyun Ju)
이화여자대학교 사회복지학 박사
이화여자대학교 사회복지학 석사
현 제주한라대학교 사회복지학과 교수

〈주요 저서〉
사회복지실천론(2판, 공저, 창지사, 2021)
사회복지 윤리와 철학(공저, 학지사, 2019)

◆ **이태인**(Tae In Lee)
New York University School of Social Work 사회복지학 박사
미국 일리노이주립대학교 사회사업학 석사
현 제주한라대학교 사회복지학과 교수

〈주요 역서〉
래디컬 헬프: 돌봄과 복지제도의 근본적 전환(공역, 착한책가게, 2020)

사회복지현장실습 세미나
Social Welfare Practicum Seminar

2024년 8월 25일 1판 1쇄 인쇄
2024년 8월 31일 1판 1쇄 발행

지은이 • 강정희 · 문현주 · 이태인
펴낸이 • 김진환
펴낸곳 • (주) 학지사
04031 서울특별시 마포구 양화로 15길 20 마인드월드빌딩
대표전화 • 02)330-5114 팩스 • 02)324-2345
등록번호 • 제313-2006-000265호

홈페이지 • http://www.hakjisa.co.kr
인스타그램 • https://www.instagram.com/hakjisabook

ISBN 978-89-997-3205-8 93330

정가 16,000원

저자와의 협약으로 인지는 생략합니다.
파본은 구입처에서 교환해 드립니다.